格风致韵

闵红 陶世华◎编著

Gezhi High School Shanghai

【格致汇编】Gezhi

【格致藏书楼】Gezhi

Gezhi【格致书院课艺】

Gezhi【格物致知】

【格致公学】Gezhi High School

【百年名校】Gezhi High School

【格致书院董事会成立】1874年4月6日

复旦大学出版社

1927年建成的格致公学新校舍外景

上图：徐寿和华蘅芳研制出中国第一台蒸汽机（模型）

下图：格致公学1936年毕业照

上图：格致中学老大楼（20世纪80年代）
下图：格致校友——麦新

上图：格致公学时期上课用的化学实验物品

下图：1874年4月6日，格致书院董事会在英国驻沪领事馆举行（油画）

上图：格致公学学生校服
下图：格致公学学生

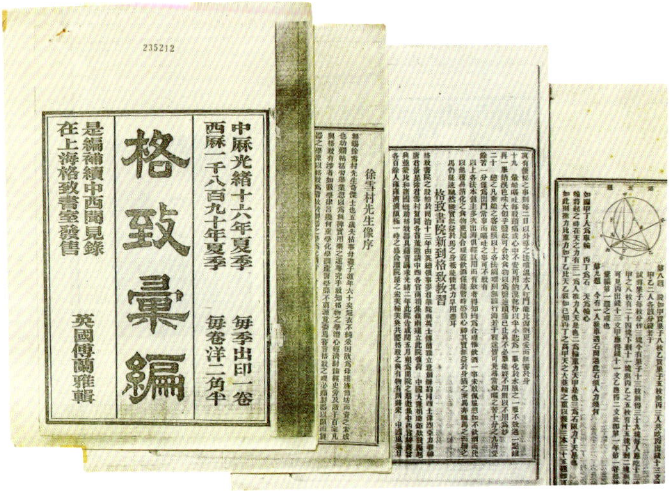
中歷光緒十六年夏季
西歷一千八百九十年夏季
格致彙編
每季出印一卷
每卷洋二角半
是編補續中西聞見錄
在上海格致書室發售
英國傅蘭雅輯
徐雪村先生像序
格致書院新到格致教習

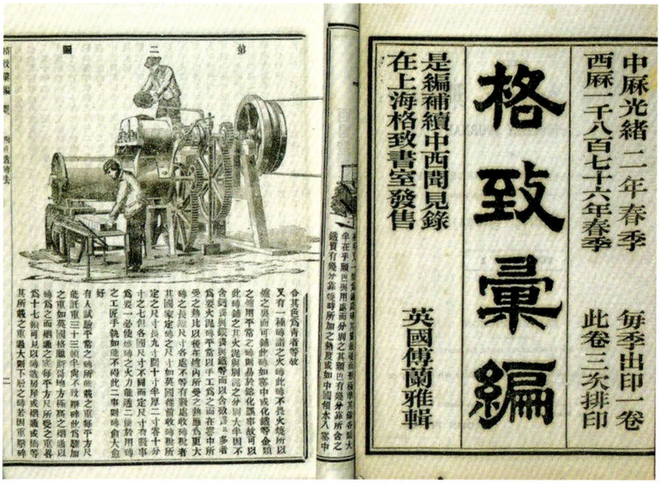
中歷光緒二年春季
西歷一千八百七十六年春季
格致彙編
每季出印一卷
此卷三次排印
是編補續中西聞見錄
在上海格致書室發售
英國傅蘭雅輯

《格致汇编》书影

目 录

序 言

上海市格致中学创始于 1874 年，闵红作为学校的一名历史教师，多年来一直努力尝试有效挖掘和利用丰厚的校史资源，坚持开设校本拓展课——“格致学”，力图将校史与国史有机融合。2019 年适逢中华人民共和国成立 70 周年和格致中学创建 145 周年，闵老师在长期教学积累的基础上，撰写成《格风致韵》一书共十八章，亦是对校庆的一份献礼，真是可喜可贺，值得赞赏！这本小册子史料翔实、通俗易懂，通过阅读不仅可以让青年学生了解格致中学的悠久历史和科学爱国传统，更能使他们走近中国近代科技发展史、中国近代教育发展史，从历史中汲取智慧，更好地发扬格物致知、求实求是的精神，成为有思想、有作为、敢担当、德才兼备的接班人。

闵老师是一位知识广博、教学经验丰富的资深教师，我听过她的多节中外历史课，得益匪浅。她不仅开设拓展课给学生讲校史，而且在上基础型课时也有意识地把校史和国史结合起来教书育人，收到极好的效果。

比如有一次，闵老师上高二年级的历史课“民族资本主义和早期维新思想”，这节课教材内容与格致书院的发展有许多交集。于是闵老师便大胆开发、利用校史资源，先后补充了五段校史材料，把教材和格致校史有机结合起来。这样的课堂设计既丰富了教材内容，又提升了校史内涵。她说从某种意义上讲，格致书院的发展史就是中国近代社会变迁的一个缩影。闵老师的指引、点拨，使学生真切感受到历史并不遥远，就在自己身边，同时也激发了学生的爱国之志、爱校之情，更使学生感悟到早期维新思想家的忧患意识，从而增进他们的社会责任感。

在喜迎145周年校庆的日子里，格致中学党政领导继《校史稿第一卷(1874—1949)》出版后，历时三年，于今年又编撰了《校史稿第二卷(1949—2019)》，向校庆献礼，将百年老校145年的悠久历史彰显于天下。诚如为《校史稿第一卷(1874—1949)》作序的原上海社会科学院副院长、历史研究所所长熊月之先生所言：“格致创始时有书院之名，但并不是传统书院；她设在租界，但不是租界公立学校；她创立时有传教士参与其事，但并不是教会学校；她创办时含有官方资金，但并不是官办学校。……‘格致’之名则一以贯之，由格致书院、格致公学而市立格致中学，历晚清、民国、新中国三个时代不变。格致的教学质量、学生素质，一个多世纪以来，饮誉海内，青春常驻。其间的原因可能很多，但是，最重要的一条，是其亦中亦西、非中非西，亦官亦民、非官非民、中西和谐、官民协力，唯科学、爱国是从的特色在起作用。”

我想闵老师的《格风致韵》一书，其内容可以和熊月之先生的这些评价相互印证，定能相得益彰。百年老校格物致知、求实求是的精神，科学、爱国的传统，定将发扬光大！

上海市格致中学名誉校长　高润华

2019年4月

导 言

上海市格致中学位于上海市市中心广西北路66号，是一所久负盛名的百年老校，这片红砖绿荫下的土地有着深厚的历史积淀与悠长的文化之气。学校创始于1874年，在英国驻沪领事麦华陀(Mr. Medhurst)先生倡议下，由中国近代著名化学家徐寿、数学家华蘅芳、清朝重臣李鸿章，以及英国传教士傅兰雅等中外绅商学士共同筹建。

学校先后经历了格致书院(1874—1915年)、工部局立格致公学(1915—1942年)、上海特别市市立格致中学(1942—1945年)与上海市市立格致中学(1945—1949年)等发展阶段。现校名为1949年6月所改定。从晚清到民国，再到中华人民共和国，时代在

变迁,历史在发展,而“格致”之名则一以贯之,这在上海同类学校中实属罕见。

当初的格致书院堪称中国近代最早的系统传播自然科学知识、培养科技人才的新型学堂。一百三十多年来,在“格物致知,求实求是”精神的引导下,经过几代人的努力,格致中学形成了“热爱祖国、崇尚科学”两大传统,培养了数以万计的优秀人才,成为一所享誉海内外的名校。1958 年格致中学被上海市教育局确定为市首批重点中学,2005 年又被评为市首批实验性示范性高中。

格致中学名闻遐迩,“格致”两字更是蕴含着千百年民族文化的积淀,作为一种传统的学术思想,其含义博大精深、凝练厚重。上海辞书出版社《古代汉语大词典》有“格致”条目,说得比较简明:格致,乃“格物致知”的省称,谓穷究事物的原理而获得知识。语出《礼记·大学》“致知在格物。物格而后知至”。“格物致知”可谓中国古代儒家思想中的一个重要概念,源于《礼记·大学》中的八目:格物、致知、诚意、正心、修身、齐家、治国、平天下。

第一章

“格致”释义　洋务教育

一、重“义”之格致

“格致”一词源于中国先秦儒家典籍《礼记·大学》中的一段话：“古之欲明明德于天下者，先治其国；欲治其国者，先齐其家；欲齐其家者，先修其身；欲修其身者，先正其心；欲正其心者，先诚其意；欲诚

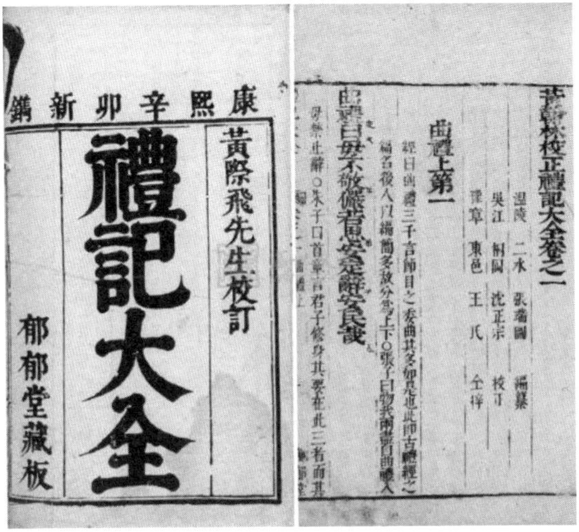

《礼记大全》

其意者,先致其知。致知在格物。物格而后知至,知至而后意诚,意诚而后心正,心正而后身修,身修而后家齐,家齐而后国治,国治而后天下平。自天子以至于庶人,一是皆以修身为本。”

这段话反映了儒家的伦理观念和政治思想。要实现“齐家、治国、平天下”的政治抱负,必须首先“诚意、正心、修身”,加强道德修养。要加强道德修养,达到“明明德”的境界,必须以“格物、致知”为先。但对于“格物”是什么以及如何“格物”,《大学》篇中没有明确说明。

后世哲学家们对“格物致知”作了几十种解释。其中一种主要从伦理学角度进行阐释,格物,犹正人,即纠正人的行为。唐代刘禹锡在《天平军节度使厅壁记》:“示菲约以裕人,信赏罚以格物。”北宋司马光继承孟子“仁、义、礼、智非由外铄我也,我固有之也”的思想,从如何修身,提高道德修养方面对格物致知进行阐述。他在《致知在格物》中写道:“格,犹捍也,御也。能捍御好物,然后能知至道矣。”也就是要抵御外物的影响,才能发扬人性之善端——恻隐之心、羞恶之心、辞让之心、是非之心,才能“诚意、正心”。

朱熹

对“格物致知”的解释影响较大的是南宋的朱熹,他主要从认识论的角度进行阐发。“致知在格物者,言欲尽吾之知,在即物而穷其理也。”这是朱熹对“格物致知”最精炼的表述。“格”,朱熹把它解释为“到”“即”。“格物”包含三层意思:一是“即物”即接触事物;二是“穷理”即研究物的理;三是“至极”即穷理至其极。致知是格物的目的和结果,就是扩展、扩充知识。用一句话概括就是“即物穷理,是格物;求至乎其极,是致知”。只有接触事物然后才能获得知识。

然而中国士大夫中极少真正通过接触、探究自然界中的实物来获得新知,即使想这样做也缺乏正确的方法。最典型的就是明朝理学家王阳明“格竹子”的例子。他说:“即物穷理是走不通的路。我们曾实地试验过来。有一天,一位姓钱的朋友想实行格物,我叫他去格庭前的竹子。钱先生坐在竹子边,格了三天三夜,格不出道理来。我就自己去试试,一连格了七天,也格不出道理来。我们只好叹口气,说,圣贤是做不成的了,因为我们没有那么大的精力去格物!”王阳明的例子表明,尽管中国部分士大夫已经认识到要获得知识必须要接触外界实物,但只停留在简单的外部观察,并没有真正突破先秦儒家主张的通过内心反省、穷究心中固有的道理而获得知识的求知方法,更没有像西方学者那样发展出一套严密系统的实验法来研究事物,这样“格物致知”只能是一种目标、理想,而无现实可操作性。这一方法论上的差距影响到 16 世纪以后中西方文化发展的不同方向和国家的前途命运。

二、重“物”之格致

明末清初,随着西方传教士的东入,携来了有关数学、天文、地理、力学等自然科学知识。这些知识对当时的国人来说是极其陌生的,而且中文里没有意义对等的词来称呼它们,于是利玛窦、徐光启等最初的西方科学传人就借用了前人使用的“格致”一词。正如胡适先生所言:“科学初到中国的时候,没有相当的译名,当时的学者就译作格致。”徐光启把西方传教士带来的学问分为两大类:“大者修身事天,小者格物穷理。”徐光启从科学的角度发挥了朱熹的格物致知论。他首先从一般的学问中分离出“格物穷理之学”,然后进一步分离出“象数之学”。这里的“象数之学”实际上就是自然科学。与此同时,一些与西方科技有关的著作,包括西方传教士所撰写的科学著作,也被冠以“格致”之名。例如熊明遇的《格致草》、高一志的《空际格致》、汤若望的《坤舆格致》、陈元龙的《格致镜原》,等等。

从徐光启的"格物穷理之学"过渡到"科学",到了清代末期才得以实现。19世纪40—60年代,伴随着两次鸦片战争的炮火,西学再次大规模地进入中国。尤其值得一提的是洋务运动时期,出于"自强""求富"的需要,在有识之士的推动下,"格致学"在晚清社会取得了较高地位,作为可以经世的"实学"受到重视。与明清之际一样,这一时期许多与西方科学有关的著作也以"格致"为书名。与此同时,在教育领域,凡涉及西方科学的课程,大都以"格致之学"命名,例如《格致入门》《格致须知》《格致图说》等。1874年徐寿等人创办"格致书院"时,述其办学宗旨是"意欲令中国便于考究西国格致之学,工艺之法,制造之理"。英国传教士傅兰雅于1876年2月编辑出版《格致汇编》,登载声、光、电、化及制造文章,目的是"意欲将格致之学问并制造工艺之理法广为传布"。在这样的背景下,"格致"一词的内涵已经发生演变,当国人发出"今日中国欲求强盛,不可不求格致之学"的呼声时,"格致"的含义与《四书集注》中对"格致"的注释已经大相径庭。"格致"二字实际上专门用来指代近代西方自然科学与技术,成为数学、物理、化学、生物、地理等自然学科的总称,并最终于19世纪末实现了向"科学"概念的过渡。

康有为

之所以发生这种转变与日本有关。维新运动时期不少中国学者、留学生通过日本人撰写或翻译的西学书籍学习、翻译、宣传西方学说,这些著作中有些西学术语用日文中的汉字来表示,而中文并没有这样的词汇,于是中国学者在翻译、介绍的过程中有时就直接把这些汉字拿来使用。英语"science"一词,日本学者把它译作"科学",

意思是“基于技术训练的分类学问”。1897 年康有为在《日本书目志》一书中介绍了两本日文著作，一本是《科学入门》，普及舍译；另一本是《科学之原理》，本村骏吉著。由此康有为把日文“科学”一词引入中国，意味着英文“science”在中国除了“格致”外，有了另一种译法——科学，其内涵的侧重点也发生了变化。同一年，严复先生开始翻译《原富》，将“格致”与“科学”并用。到民国初年，中国学术界广泛使用“科学”来表示“science”，“格致”作为“science”的对应译名在中国使用了半个世纪之后慢慢淡出历史舞台。

由此可见，从中国近代科技发展史的角度看，“格致”就像一条船，在清末半个世纪的时间里，载着“science”最终过渡到了“科学”的彼岸，其间也见证了近代国人科学观念的变化与飞跃。

三、古代书院

书院是中国历史上特有的一种教育组织和学术研究机构，它是古代教育制度中除各类学校（如国子学、太学、广文馆、算学、府学、州学、县学）以外的另一种实施教育的机构。书院名称始于唐代后期，宋代时书院开始兴盛，著名的有石鼓书院、白鹿洞书院、嵩阳书院、岳麓书院、茅山书院、应天府书院等。书院的产生与唐末社会动荡有关。唐末、五代时藩镇割据混战，天无宁日，官办学校荒废，学子苦无就学之地。于是一些学者选择名胜之地，建院讲学，书院由此产生。

一般地方设立的州县学，经费全由国家提供，规模较小；宋代书院多由私人自筹经费，规模宏大，为学生提供膳食。主持书院的人称“山长”或“洞主”，多为地方名师宿儒，专事讲学授业。教材以九经为主，旁及史书诗文。宋代书院与官办学校的最大不同在于，它的教学不是为了帮助学生通过科举考试，而是指导学生研习学问。朱熹在白鹿洞书院就一再劝勉学生勿事科举，专心求学。重视自学和启发、讨论与辩难是书院教学的两大特色。朱熹主张为学必须自己下功夫，老师不能越俎代庖，只能做一个引路人，在适当的时候给以启发。学生在自学的基础上可以向老师提出问题，老师随事随人进行指导。对一些疑难问题，老师常和学生一起探讨。朱熹鼓励师生之间互相诘难，认为辩论越深入细致，越容易触及问题的核心。这种辩论、研讨之风不仅在同一书院的师生之间进行，还在不同学派、不同书院之间开展，形成一种"会讲制度"，即邀请其他学派的理学大师到本院讲学，自由辩论，各抒己见，同意的就采纳，不同意的可坚持己说。朱熹曾不远千里从福建出发到湖南长沙的岳麓书院拜会理学大师张栻，朱、张因师承流派不同，在许多问题上见解不一，两人曾对"中和"问题讨论了三天三夜，意见仍不能统一，但后来两人都认可、吸取了对方部分观点，进一步发展了理学。朱、张"讲会"持续了两个多月，由于朱熹的名气，来听讲学的人很多，盛况空前，一时间车水马龙，饮池水竟很快就被马儿饮干。朱熹还邀请与他学术观点对立的陆九渊到白鹿洞书院讲学，讲题是"君子喻于义，小人喻于利"。讲毕，朱熹大为赞赏，说"熹当与诸生共守，以无忘陆先生之训"。还把陆的讲义刻在石碑上，体现出对学术的尊重，对辩论自由的珍视。

白鹿洞书院

到了元代，私人设立的书院改由官府节制，与地方州、县学同等对待，山长由官方委派，列为州、县学教官之一，书院逐渐官学化，失去书院讲学的特色，“私学在书院”已成为过去。

明初专制统治空前加强，规定“科举必由学校”，科举与学校紧密结合，官学普及。相形之下，明初书院相对沉寂，不受重视，但也未被完全禁止。明朝中期以后宦官专权，排斥异己。在野的士大夫便设立书院，聚徒讲学，讽议朝政。再加上王守仁（王阳明）等一些著名学者的倡导，重视讲学论辩的书院重新兴盛。其中影响最大的是东林书院，它是当时重要的文化学术中心。东林书院在南宋书院制度的基础上发展、完善了会讲制度：会讲定期举行，每年一次大会，每月一次小会，为期三天，推选一人主持；会讲之日，要举行隆重的仪式；讲学内容为《四书》，讲授时，与会者要“虚怀以听”，结束后可以提问、讨论。顾宪成题写的对联“风声雨声读书声声声入耳，家事国事天下事事事关心”体现了东林书院的另一个重要特征：关注社会，关注政治。书院将讲学活动与议论朝政相结合，讲学之余，抨击朝政，评议权贵，给朝廷施加舆论压力。这种清议活动使许多有识之士慕名而来，产生了巨大的社会影响。明末统治者为了加强思想控制，曾四次下令毁废天下书院。

东林书院

清朝初年，官府将书院视为“群聚徒党之所”，认为它会妨碍社会安定，危及清朝统治，因此对书院加以抑制。直至1733年才令省城设立书院，官府资助经费，实为官立书院。此时的书院性质已与宋代、明代名儒讲学的书院不同，为科举考试的预备机关。学子入院所学的全为四书八股文、五言八韵诗。所请的山长也无多少真才实学，有的连经史之名都记得残缺不全。一般书院每月举行两次考课，其中一次为官课，由府、藩、县、郡轮流出题阅卷，分别给奖。另一次为师课，由掌教出题阅卷，书院给予奖励，白银一二两不等。入院学生须经甄录考试，成绩名列前茅者为正课生，超额者为附课生。正课生每月发给膏火白银二三两不等，附课生减半。嘉庆道光年间，一些书院的风气发生变化，不尚时文（八股文），专攻经史，影响较大。1901年清末新政，清政府令各省所有书院，于省城均改为大学堂，各府厅直隶州均改设中学堂，各州县均改设中小学堂。

综上所述，书院在中国历史上存在近千年，唐宋期间以私人创办、私人讲学为主，元明时官方加强了控制，到了清代完全官学化，是书院发展的总趋势。总结书院特点如下：

第一，书院的组织机构比较精干，一般只设山长（或称洞主、主洞）总理其事，规模较大的书院增设副山长、助教、讲书等协助山长工作。书院的主持人多数是书院的主讲，脱离讲学的管理人员很少。

第二，书院是教学机关，同时又是学术研究机构。书院的主持人或讲学者多为当时的著名学者，甚至是某一学派的代表人物。每个书院往往就是某一学派教学和研究的中心。教学活动与学术研究紧密结合，相互促进，相得益彰。

第三，书院允许不同学派共同讲学，重视学术的交流和论辩。特别是南宋以后书院盛行“会讲制度”，成为书院的重要教学形式，不仅师生共同参加学术争辩，而且常与地方上的学术活动紧密结合，使书院成为一个地区的教育和学术活动中心。

第四，书院讲学实行"门户开放"，一个学者可以在几个书院讲学，听讲者也不限于本院生徒，常有慕名师而远道前来者，书院热情接待，并提供各种方便。

第五，书院比较重视学生自学，提倡独立研讨，课程也较灵活，允许各人有所侧重，发挥专长。一般都以自修、读书为主，辅以教师指导，质疑问难。成绩考核多重平时表现，不仅视其学业，尤重人品与气节的修养。

第六，书院内师生关系比较融洽，师生感情相当深厚。主持书院的多为名儒，学识渊博，品行过人，热衷教育，深受学生爱戴。学生是慕名师而来，能够虚心求教，立志成人，尊重教师。因此，中国教育史上尊师爱生的传统在书院教学中的体现较为突出。

第七，书院的经费多以自筹为主，有较大的自主权，常常组织师生共同管理或监督各项开支。经费重点用于教学和学术活动，其他杂项费用所占比重很低。

四、洋务教育

鸦片战争爆发后，西方列强用大炮打开了清朝闭关的大门。1856—1860年，为扩大侵略权益，英法又发动第二次鸦片战争，炮轰广州，火烧圆明园，清政府被迫缔结城下之盟。同时期国内爆发太平天国运动，战火燃及半个中国，清朝统治岌岌可危。在这内忧外患的形势下，清朝一批洋务派官员提出"自强"口号，力图利用"西学""西艺"，练兵制器，以应对"千年未有之变局"。李鸿章创办的江南制造总局是洋务派创办的最大的军工企业。后来为了给练兵制器提供物质保障，洋务派又提出"求富"口号，设工厂，修铁路，开矿山……洋务派深知，依靠传统的封建教育无法培养出精通"西学""西艺"的新式人才。为培养熟悉洋务的人才,李鸿章等人以“中学为体,西学为用”为宗旨,创办了一批新式学堂。

洋务派最早创办的一所“洋学堂”是京师同文馆。它是1862年在北京设立的。之后陆续设立了上海广方言馆(1863年)、广州同文馆(1864年)、上海江南制造总局附设的工艺学堂(1865年)、福州船政学堂(1866年)、天津水师学堂(1881年)、上海电报学堂(1882年)、天津武备学堂(1885)、广东水师学堂(1887年)、湖北自强学堂(1893年)、南京陆军学堂(1896年),等等。

京师同文馆旧址

综上所述,洋务派兴办的新式学堂主要有三种类型:(1)同文馆或广方言馆(外国语学校,京师同文馆后发展为综合性学堂);(2)武备、水师学堂(军事学校);(3)机器、电讯学堂(工艺技术学校)。洋务派兴办的学堂,没有统一的学制,也没有形成完整的学校系统,它的教学内容，除了四书、五经外，主要是西文、西艺。

洋务派除兴办洋务学堂外，还办理留学教育，派遣学生前往西方国家学习军事、技术和自然科学，可谓开风气之先。

由于洋务教育在近代中国开设了第一批外语、技术学校，派遣了第一批留美、留欧学生，翻译了第一批科技书籍，培养了第一批科技人才，因此可以说是突破了传统教育的藩篱，开启了中国教育现代化的历程。

正是在这样的背景下，格致书院应运而生。

第二章

中西合办　亦官亦商

一、麦华陀的倡议

据目前所知,最先倡议创办格致书院这一机构的是英国驻沪领事麦华佗(Mr. Medhurst)。1872 年 12 月 21 日《字林西报》(*The North-China Daily News*)刊登文章倡议在上海租界内开设一家华人阅览室,里面陈列书籍、地图、地球仪、太阳系仪、显微镜、温度计、气压计、透镜、火车机车模型、电报机、电机等供华人参观、阅览,以方便华人了解西方科技、文化和设备。文章称该倡议若要落实,需要拥有适量的资金和有效的管理。关于资金问题,麦华佗呼吁上海商界慷慨解囊;至于管理,麦华陀表示一旦资金到位,他愿意牵头成立一个董事会管理该机构,并拟定具体的实施方案。文章还指出任何热心促成该倡议的人士都可与其联系,他乐意听取各种实施意见。

唐廷枢

该文发表后,得到轮船招商局总办唐廷枢等人的响应,设想也越来越具体。1873 年 3 月 25 日(同治十二年二月二十七日),《申报》作了详细报道:英国驻沪领事麦华陀倡议开设一座“宏文书院”，以便华人知悉西方各科学问，中西人士能够彼此亲近；预计办院资金需银1 500两，由中西人士捐助；院内将置备各类中文版的西方书籍、机器、中国各家报纸和名家经典，延请西方人士在书院讲论西学；计划首批招纳100名华人入院读书，每人每月交纳半块银元；当时院所尚未择定；办成后的书院类似西方人的公会所，既可作为“念书之所”，又可作为“众人聚谈结友之处”；日后书院经费充足，还将置办中国境内一切著名图书，供学员购买；轮船招商局总办唐廷枢表示愿为此事出力，凡有意入院者可到他那里报名。

对于此举，麦华佗在1876年的格致书院开幕式上解释道：“大约三年前，我第一次冒出这么个念头，就是在租界内为中国人开办一家阅览室。当前许多人正努力使中国人在技术、科学的各门学科方面获得启蒙，引导他们对西方的进步与文明萌发兴趣。我想成立阅览

1872年重建后的英国驻沪领事馆外景(现外滩中山东一路33号)

室将会大大推进这项事务。”之后他又担心仅提供格致书籍而没有格致器具及机器样品，读者难以理解，于是决定在书院内放置机器、器具，并设讲演堂开设讲座，讲解格致理法。

1874—1876 年，格致书院董事会会议多次在当时的英国驻沪领事馆召开，商讨有关书院开办的具体事宜。

二、上海、伦敦董事会的成立

麦华陀的倡议见诸报端后，很快得到沪上中西人士的热烈响应。1874 年 3 月 24 日晚，在亚洲协会(Asiatic Society)召集热心促成格致书院的中外人士举行会议，商议筹建格致书院，到场 16 人，会议由费伦先生(Mr. Fearon)主持。会议讨论了阅览室是否应该摆放宗教类书籍等问题，推选了麦华陀、福弼士(F. B. Forbes)、伟烈亚力(A.

1874 年 4 月 6 日格致书院第一届董事会会议在英国驻沪领事馆(现外滩源 1 号)举行(油画)

Wylie)、傅兰雅(J. Fryer)和唐廷枢(唯一的华人)5 人为董事,正式组成格致书院董事会。从此以后格致书院的各项事务皆由董事会讨论、决定和实施。董事会成立不久,王荣和就加入进来。在 1874 年 6 月 1 日的董事会会议上,傅兰雅推荐吸纳徐寿加入董事会,获得通过。后来,徐寿之子徐建寅也加入董事会。1875 年 1 月 8 日,董事会召开会议,会上推荐傅兰雅为董事会秘书,确定了格致书院董事会中西董事各占半数、总数为 8 位的制度。

由于传播西方科学技术的宗旨顺应了时代发展潮流,加之格致书院董事会的有效宣传,创办格致书院一事不仅为上海一地的中外人士所瞩目,而且受到欧美人士的关心。1875 年,一些热心支持格致书院事业的英国人成立了伦敦董事会,协助上海董事会向英国制造商和乐善好施之人募集、购买仪器设备,直至 1880 年解散。

徐寿

伟烈亚力

傅兰雅

格致书院董事会实行少数服从多数的决策机制。董事职务设置随着书院主要功能的转变有所变化,下文中的前三项职务都是在书院开院前即已设置,一直到董事会解散,其他职务稍后设置。董事会主要设有:

主席一名,先后由麦华陀、吉罗福(Glover 或 Gilafu)、担文(W. V. Drammond)、古柏(A. S. P. White Cooper)担任此职。

秘书一名，先后由傅兰雅、约瑟夫·夏士(Joseph Sieyès)等担任，其中傅兰雅担任此职务达二十一年(1875—1896年)。

司库最初是一名，由徐寿担任(1874—1884年)，之后，由唐茂芝、贾德担任，书院转制前夕由聂其杰和古柏担任。

山长一名，该职务在书院对外开放后始设。最初聘请的山长是一位广东人，姓名不详，1879年聘请华衡芳担任，1885年邀请王韬继任，王韬于1897年去世后由赵元益、徐楚亭先后接任。

监院一名，该职务在1901年始设，由潘慎文、季理斐先后担任。

格致书院董事会成员大多是近代国内外知名人士，身份各异。外国董事中有的是外国驻华领事，如麦华陀(英国)、玛高温(美国)、谢维斯(比利时)、约瑟夫·夏士(奥地利)、费克森(荷兰)；有的是外国在华著名传教士，各种宗教、文化协会成员，如傅兰雅、秀耀春、林乐知、李提摩太、李佳白、伟列亚力、季理斐、潘慎文；有的是海关税务司成员，如赫德、吉罗福、好博生、杜德维；有的是租界著名律师，如担文、古柏(公共租界工部局副总董)。

中国董事中有的是著名翻译家、科学家，如徐寿、徐建寅、徐华封、华衡芳、赵元益、王荣和；有的是中国驻外公使，如李凤苞、吴嘉善；有的是近代实业家、买办，如唐廷枢、唐茂芝、聂其杰；还有的是著名教育家，如钟天纬、张焕纶、王韬、马相伯等。

这些中西董事大多是沪上各界名人，他们往往身兼数职，除个别人外，基本不从书院领取任何薪俸或津贴。正是他们的学识、品质以及坚韧不拔的意志使格致书院从无到有，从困难重重到逐步走上正轨，义无反顾地担负起文化传播者的重任；他们审时度势，根据中国近代社会发展需求，适时调整格致书院发展方向，同时又坚守着“格致”的特色。

三、《格致书院章程》的草拟与修订

麦华陀的倡议得到响应后，他就着手拟定书院章程，从粗略的轮廓发展成较为完备的《格致书院章程十五条》，章程中除重申办院目的、器材设施、招生讲学、办院方式、经费来源等内容外，主要增加了以下条款：确定院名为“格致书院”而非“宏文书院”；设立董事会，经理书院事务；院址选于租界内；派一人住于院内，看管书卷，预备烟茶；书院每天早十点到晚七点半开放等。具体如下：

格致书院章程十五条

麦华陀

一、书院名为格致书院。

二、立此书院，原意是欲中国士商深悉西国人事，彼此更敦和好。

三、此院应于界（租界）内设立。

四、此书院一切造资，拟由中外士商捐成，约在一千五六百金之数。

五、凡有士商来院读书起坐，每人每月纳洋半元，以杜不类之徒往来搅杂，且可借以开支各项经费。

六、此院限以百人为满，如满数外仍有人欲来者，须得数中西人举荐方可。

七、此院均系中国士商所用，西人不在其列，惟倡首出捐者，自可随意前来观看。

八、经理书院各务，须立董事，少则五人，多则七人。首先一年，可邀出捐者西人一二位帮办。

九、院内备有各省现时及续增所刊新报，并有西人所译西周经史子集各种书卷汉文著作。至中国各种经史子集，听凭各董增列入院内。又设天球、地球，并各项机器奇巧图式，俾众备览。

十、特派一人住于院内，留心看管书卷，不准何人将书卷等项携出。

十一、书院之内，不准有人嘈杂。书院旁设耳房，如有人商议何事，可至耳房谈论。

十二、随时请有西人来院讲解机器各法，并西国各论。

十三、院内不准嬉戏赌博。

十四、看院人每日预备烟茶，其价从廉酌取。

十五、书院每晨十点钟开门，晚上七点半钟关闭。

麦华陀拟定《格致书院章程十五条》后，1874 年徐寿在给李鸿章的上书中为取得赞助，阐述了六条书院章程。这六条与麦华陀的十五条内容大致相同，只是解释得更为详尽。在第六条中，徐寿刻意将传教类书籍物品排斥于书院之外，明确院中陈列的是“旧译泰西格致诸书、各种史志、上海制造局新译诸书、各处旧有及续印新报、西国文字各种格致机器新旧之书、格致机器新报、机器新工图册，以及天球、地球、各种机器小样、天文仪器、化学各器、格致入门各器、五金矿石各样。另备中国经史子集”。徐寿还确定董事会由 8 人组成，经理书院各事务。8 人中推选 4 人，作为书院老师，每月轮流义务讲论格致理法，特别强调书院内不得传教。

1874 年 10 月第四次董事会会议上，傅兰雅指出由于书院规模比原先设想的要大，为扩大格致各科在中国的传播，有必要修订章程，修订后的章程可以刊悬于书院大门，以便中国人知晓设立书院的详细意图。各董事同意傅兰雅的建议，请他先拟订草案。1875 年 1 月第五次董事会会议上，傅兰雅修订的章程草案经各董事稍加修改后获得通过。新的章程明确格致书院的目标是以切实可行的方式将西方科学、工艺和制造技术展示给中国人，以期引起中国人对西方科技、工艺的关注。为此决定在书院内：

（一）陈列机械设备、科学仪器和工业产品等供人参观；

（二）举办科学知识讲座并开设培训班；

（三）设立图书馆和阅览室。

书院开放后一两年内由中国人在国内其他地方建立分支机构。新的章程还规定中西董事的人数各为一半，总数为8位。董事会设司库和秘书各一名。

从以上章程可以看出，格致书院既非讲授经、史、子、集的传统书院，也非现代意义上的学校，而是集图书馆、展览馆、讲习班于一身的以普及西方科学为主的综合文化机构，它承担的是面向社会的大教育功能，具有明显的公众性质。

四、格致书院的筹建

上海格致书院董事会自成立到1876年书院院舍落成，先后召开了约十次会议，商议决定书院创建过程中的各项事宜。

（一）确定书院英文名称

1874年6月11日第二次董事会会议讨论决定使用"Chinese Polytechnic Institution and Reading Room"作为书院的英文名称，中文的意思即中国工业技术学院和阅览室，采用这一英文名称既能表达书院宗旨，又能与中文名称相匹配。之后书院董事会在中外英文报刊中发文宣传就使用Chinese Polytechnic Institution and Reading Room，而在此之前的曾用名是A Reading-Room For Chinese。

（二）筹集资金

1874年4月6日第一次董事会会议议定设立中西两种捐银簿，由唐廷枢与麦华陀分别向中外人士募捐，准备募得白银两千五百两后就筹备开院事宜。徐寿加入董事会后，积极参与集资事项，他不仅向沪上绅商、官员募捐，还上书北洋大臣李鸿章、南洋大臣李宗羲，从两位大臣那儿分别募得官银一千两，极大改善了书院的资金状况。李鸿章在批示中还表示希望徐寿等人把书院建成一座科学和艺术学校（A School of Science and Art）。这对书院章程的修订和书院特色的形成产生了重要影响。此次募捐比较顺利，地方政府、各类洋行及个人均踊跃捐资，其中官银总数超过商家、个人，华人捐资总额超过外国人，占三分之二。捐资较多的除南北洋大臣外，还有：江苏苏松太兵备道冯焌光，捐银二千两；天津兵备道丁寿昌，捐银三百两，这可能受到了官府出资办传统书院的影响。洋行出资多则五十两，少则十两，个人出资多则五十两或一百银元。

对于捐资，李鸿章的批示为："据禀邀集中外商在上海捐建格致书院，所拟章程六条，尚属妥协。其起造房屋，购备书器，经费不敷，候饬津海关道于洋药加增捐款内，拨给银一千两，以资应用。该员等务须实力考稽，多方招致，使中土艺学日兴，人材日多，有裨实用，是为切盼！"

李宗羲的批示为："据禀邀集中西官商在沪捐建格致书院，购备书器，推广图算制造诸法，尚系精求西学，非设堂传教者比。所请酌拨经费，应上海沈道于杂款项下，提银一千两，交给该员等领用。同治十三年八月十七日。"

（三）购置、募集设备、仪器、书籍

麦华陀倡议书院的最初设想是建一家陈放书籍、科学仪器和设备的华人阅览室，不仅方便中国人阅读西方书籍，还能更直观地了解西方科技、制造之原理。麦华陀曾写信给英国各界绅商，表明为开办书院打算购买英国各种科技书籍、仪器和设备，英国绅商在回信中称若欲购齐各项物品，没有二十万金办不成此事，这对筹建中的格致书

院来说简直是天文数字。

1874年第二次董事会会议决定改向英国制造实验仪器、模型等的厂商请求捐、借样品(各厂商也可借此促进销售),由傅兰雅写信给西方各国,并拟定一份公开启事,向欧美国家的制造商、商人和慈善家募集科学仪器、机器样品、图片、机器制成品、人物花卉图像等。该启事后来印刷了数千份,在欧洲和美国散发,产生强烈反响。不少英商答应把他们制作的技术产品和机器制成品的样品送给书院。格致书院还从伦敦科学博物馆募集到大量的机器样品和仪器设备。当时伦敦科学博物馆要扩建,准备将旧有的机器物品退还给原捐赠厂家,徐寿得知此事后写信给博物馆,希望将机器等物品转赠给上海格致书院。该馆最初答应转赠一半,另一半因1874年中日发生争端,准备从缓再定,后发现中日之间未发生战争,同意全部赠送。伦敦董事会准备将所赠物品分成十类分箱运抵上海,价值约二十万金。英国轮船公司答应免费运送,上海冯道台允诺格致书院的进口器物免征关税。赠品分类如下:

1. 生长之物,即地产动物、植物各料;

2. 工艺之物,或食物内所用之生料或熟料;

3. 织成之物与打成之物,并衣饰各种之物;

4. 造屋所用之各物各件,并房屋内各种器具;

5. 手中可持之器,并各种机器与汽机、水机、热机等项;

6. 工程之物,或水路旱路各法运动之物,又开矿、起水、起泥、电报、造桥等工程内之各器;

7. 做人物照像,并各种绘画之物;

8. 各种炮与各种弹,并一切战守之器;

9. 绘画、照像、地图等类;

10. 零星各物不在以上九类内者。

伦敦董事会向上海董事会提出建议:第一,拟定收送物件详细章程；第二，为使制造商更为放心，委派一名西方人在院中管理送来的机器等物品。这两项建议因当时院舍尚未造好，上海董事会决定暂缓讨论。后来因各种原因英国许诺捐赠的仪器、器件大多没有兑现。格致书院收到的主要是比利时国王赠送的一整套化学仪器，该仪器于 1878 年运至上海。除接受各方捐赠外，董事会还向西方国家的厂商订购了一些仪器。

在 1874 年 10 月第四次董事会会议上，因当时募集到的白银不足三千两，伟烈亚力认为此时应当设法采购所需各类书籍，因为新闻报刊唾手可得，而购买各类名家经典将会耗时良久。经商议，董事会委托伟烈亚力开具书目，管理书房各项事宜，并由伟烈亚力和傅兰雅采购书籍。院舍落成后，在 1876 年举行的第十次董事会会议上，伟烈亚力和傅兰雅认为有必要收购已故男爵方根拔的藏书。后来徐寿对这批图书的价值进行了评估，在是否购买藏书中的传教类书籍问题上，麦华陀与徐寿之间发生了分歧。后来因经费紧张等原因，到开院之时格致书院书房内的书籍尚未购置齐全。

（四）购地造屋

麦华佗等最初的设想是租用一座有大厅、别室的房屋作为办院处所，1874 年 10 月第四次董事会会议还讨论了与某房主商议租房的事宜。后因至 1874 年年底资金募集已达五千两，董事会决定买地自造院舍，一来可以节省每月租金，二来自造的房屋能更符合办院的要求。1874 年 12 月 29 日《申报》报道了书院的院舍规划："其院将分为三进，一则为摆设泰西各器机物件等样，一则为讲论问学之堂，一则为庋藏中国书籍之院。"1875 年 1 月第五次董事会会议正式决定在英租界内选购地基，会后有三位董事各自看中一地，但都有令人不满意的地方。第六次董事会会议决定购买另一董事觅得的空地，位于汉口路西边靠近西藏路。会上还讨论了院舍建筑样式，考虑书院专为中国人开设,决定采用中国传统书院的建筑风格。然而好事多磨,不久工部局告知此处要辟作马路,因此书院不得不另谋他处。适逢美华书馆欲出售北海路与广西路交界之处的地块,该地块的面积和价格都大大超过原定计划,但考虑到书院的未来发展,董事会最终决定全部买下,用银四千五百两,超出预算一倍,这为后来办院初期书院资金的严重匮乏埋下伏笔。

地皮买定后,鉴于徐寿的才学,董事会委托徐寿负责造房。不到一个半月,徐寿就绘制出院舍建筑图纸。徐寿设计的是一幢两层的中式楼房,楼房中间是大厅,上下各一间,长 46 尺,宽 22 尺;另有八间 16 平方尺的房间,每两间能合为一间,此外还有十余间大小房。1875 年夏破土动工,工程进展顺利,当年 10 月 10 日,院舍落成的喜讯披载于《申报》。为建造房屋,徐寿垫付了白银四百二十九两二十七钱。院舍造好后,又以地契作抵押借了两千两银子用来装饰,包括买油漆、修建围墙、购置家具、仪器、书籍等。装修后房屋宽敞华丽,可容纳数百人。书院建成后,根据麦华陀的提议,给院舍上了保险。

第三章

书院开办　功能多元

一、洋务重臣，亲题院匾

在格致书院筹办过程中，作为洋务重臣的李鸿章不仅在资金方面提供支持，“候饬津海关道于洋药加增捐款内，拨给银一千两，以资应用”（《先驱》，第6页），还为格致书院亲手题匾。1876年2月8日，根据董事会的决议，李鸿章亲手题写的横匾“格致书院”悬挂于书院大门正中。后来北洋、南洋大臣李鸿章、李宗羲有关赞助办院的批示，也被书写上牌，悬挂于院内大厅。可惜原物已毁于火灾。

二、隆重开院，四方瞩目

1876年2月7日，书院第十次董事会会议初定1876年3月10日举行开幕典礼，届时将举办中国式的招待会，邀请中外官员和宾客。但至3月,西方购募的仪器设备只有一小部分运到上海,秘书傅兰雅写信给伦敦的特·汉伯里(T. Hanbury),请他购买价值约五百两银子的仪器,半年多未见答复。通过各种途径呼吁西方厂商捐赠科学仪器一事也不太成功。格致院舍的粉刷、装潢、油漆未能彻底收尾,种种因素促使董事会决定延期。但很多人希望即使书院置备的书籍与器具尚不齐全,也要尽快开放,于是,在1876年6月22日(农历五月初一),经过两年多的筹备,格致书院隆重开幕。

格致书院开幕引起四方瞩目,《申报》《北华捷报》等媒体竞相报道,《申报》称"本埠设立格致书院,久经布闻。日前将运到机器陆续进院,亦复登报。兹问得本日大启院门,设筵宴客,敦请中外绅商士庶之预闻其事者,发帖四百余副,备筵六十席,诚盛举也。"甚至连英国驻沪领事馆呈送本国政府的《1876年度上海贸易报告》中,也详细介绍了书院开幕一事。当时中外人士有两百多位到场,不少上海及各区主要军政官员、各国驻沪领事、商人和侨民都莅临庆贺,对华丽的楼宇、精巧的器具无不交口称赞。中国官员对陈列在一楼大厅的器具兴趣浓厚,仔细观察了发报机以及其他各种金属制品的样品。

当日下午,书院备筵六十席宴请中外来客,麦华陀在宴会终结时发表讲话,概述了建院的经过,对徐寿在建院过程中的功劳特加赞许与感谢。他希望通过格致书院的创立改变中西人士交往中的"油水难溶"状况,推进相互间的"和睦关系","培育中国人对所有外国人的好感"。末了,他还感谢傅兰雅先生,由于他的努力,一份与格致书院有关系的期刊《格致汇编》业已问世,它的第五期,当日就要出版。

格致书院的落成离不开麦华陀、傅兰雅这些外国领事、传教士的倡议、策划和努力,也离不开李鸿章、李宗羲等清朝政界要人的慷慨解囊,更离不开徐寿、唐廷枢这类中国科学家、实业家的具体工作和全情投入。不同身份、不同肤色的人走到一起,怀着一个共同的目标,造就了这家独特的文化机构。它亦官亦商、亦中亦西,是那个时代的产儿。

三、设立分院，扩大影响

徐寿在致李鸿章的上书中勾勒了书院未来在各省设立分院的发展蓝图：“盖以现在讲求之人尚少，不得不借才以为倡导，将来风气日开，人才愈众，再行推广，于各省会另设分院。”

“创设分院，推进西学在中国传播”的倡议在中华大地引起了强烈反响。1875 年，厦门欧美绅商写信给上海格致书院董事会，表示愿于当地也建立一座格致书院作为上海的分院，请上海书院照应相助。上海格致书院各董事认为能帮助的地方应当给予帮助。除厦门外，至开院前，九江、福州都有办分院的打算或行动。

四、多元功能，综合性文化机构

根据新的格致书院章程，董事会自成立以来主要围绕三个方面开展工作：一是陈列机械设备、科学仪器和工业产品等供人参观；二是举办科学知识讲座，开设培训班；三是设立图书馆和阅览室。

到 1876 年，根据英国驻沪领事馆呈送本国政府的《1876 年度上海贸易报告》，上海格致书院董事会对书院未来发展的详细规划如下：“它将有一间阅览室，提供中文版的各种报纸和期刊。它将有一个图书馆，藏有中国人自己的或由外国人翻译的关于科学技术问题的一切重要著作。它将有一个讲堂，备有许多适用于进行一系列有关自然科学和其他各门有用学科的普及讲课的仪器。最后它还将有一个常设的展览馆(即博物馆)，陈列外国厂商为了要引起新的需求和为商业企业开辟新途径而愿意送来的诸如机器和产品之类的样品。”那么到书院开院时，该规划进展到何种程度呢？

据《格致汇编》记载，开院之时，格致书院的大楼内分设书房和“知新堂”。书院东边留有大块空地，准备第二年建造博物馆（该计划后因资金问题未能实施）。书房内存售各种译成中文的格致书籍。“知新堂”内，陈列了各种格致器件，如大天球、大地球仪、天文器、自记风雨表、电报、电线、化学器皿及炉等；另有铁器汽机一座、新式沙漏；还有用新的方法所制造的日常用品，如针、鱼钩、金钮扣、银钮扣；还有一份大地图，图上标有中国与邻国适合开筑铁路的地方，以及数十张人物像片。

《格致汇编》明确指出 6 月 22 日只是开院之日而非开学之日，书院除置备格致书籍、仪器供中国人阅读、参观外，以后将请中外人士在院内讲堂利用仪器设备讲演格致学。

总之，尽管上海格致书院开办之时各项工作尚不完备，但它是沪上中西合办，旨在推动西方科学技术在中国传播的第一家新式书院。它既与中国传统书院有本质区别，也与洋务派创办的官办工艺、外语类学堂或传教士创办的教会学校有重要区别，是一所面向公众的综合性的文化机构。它承担的是面向社会普及科技的大教育功能，具有明显的公众性质，是西学东渐、中西文化碰撞下的产物。

五、经费开源，财务公开

格致书院一开院就负债经营。1876 年 12 月 15 日董事会上，司库（麦华陀当时任主席兼司库）公示了年度账目，该账目显示书院欠债约白银一千两，是书院以不动产做抵押向汇丰银行借贷的。为偿还银行贷款，徐寿提议卖掉博物馆所需地皮以外的大块空地，没有得到董事会同意，董事们把希望寄托在募集更多的捐款上。到 1877 年 2 月 23 日，书院唯一的正常收入是 42 名中国士绅每人 6 元的常年捐款，继续购置家具、添置设备的资金难以着落，还需缴付银行利息。

1878年在董事会主席吉罗福(麦华陀回英国后由吉罗福任董事会主席,泰卜任司库)的建议之下,徐寿在泰卜先生(Mr. W. H. Tapp)辞职之后接任格致书院的司库,当时书院负债白银1 600两。徐寿为了书院的事业,个人捐赠白银1 000两,还清了银行债务,取回了押在银行的地契。他还提议将书院一块三角地以原价卖给一位中国人办一所慈善学校。再在书院北面的空地上盖满房屋用于出租,所得租金用来支付书院日常开支。如果成立科技培训班,这些房子可作为学生的宿舍。徐寿的提议得到通过,当年有10间(可能是9间)房屋落成,收得半年租金52.925两。1878年书院还收到胡雪岩为建造博物馆捐赠的5 000银元,折合银两3 700两。到1879年,书院收支基本平衡。为公开财务,1879年,董事会将徐寿提交的1878—1879年一年零十个月的财务报告,包括书院开始工作后的收支总账目刻写在一块板上,公开挂在书院大门口。1883年,则将秘书的报告和司库的财务报告一并送交地方报纸刊登。

1880年,一位姓戴的候补道准备自费在格致书院的空地上建造一座大楼,作为他本人和其他中国人居住、研习化学等自然科学的场所。在建筑材料已经备齐,工程进行到大楼的主框架已搭起的时候,戴先生却因为有事不得不离沪到外地去,并将未完成的建筑完全交给建筑承包商。于是徐寿写信给戴先生,戴先生回信表示愿把建筑材料、尚未完工的大楼作为礼物送给格致书院,并给了书院500两银子,希望书院把承建合同接过来,完成大楼的建造。当时书院的财务无法承担大楼的继建费用,为筹措这笔资金,徐寿写信给天津官员,请他们为工程的顺利完工慷慨解囊。这次募捐比较顺利,根据书院账目,1880年书院分别向天津程道台、朱将军、上海刘道台募得白银500两、211.2两、500两。有了这笔捐款,大楼修建工程得以继续。可是一波三折,徐寿后来发现承包商在原地只能打三尺深的桩,为能打六尺深的桩，不得不将房址移至新的地方。这样大楼完工时所花费用达3 926.651两白银，楼内有30间房，有单独的大门通向院外。到1881年新盖大楼连同1878年建的平房所收租金有587.358两。董事会对书院所属的39间房都投了保险。后来徐寿还将书院西北角的一处空地租给一位木材商人建造房舍，年租金400两。1883年董事会同意让上海一家慈善协会(Jen-Tsie-Shan-Tang)使用新大楼建立一所免费学校和一家中药房，该慈善机构每年付书院280元租金。在徐寿的多方努力之下，格致书院终于走出了财务危机，有了较为稳定的固定收入，这为书院各项活动的开展提供了坚实的物质基础。

根据徐寿的建议，为永久保存书院地契，避免因书院董事的频繁更换而遗失，董事会将从汇丰银行取回的地契用铅线悬挂于一块大石碑上，再将石碑埋于大楼的一堵墙内，石碑上刻着有关建院的目的、过程等文字。并且约定：如有要事取出观看，必须公开取阅，阅毕再放回收藏，不得一人私自取出。

六、19世纪80年代，人事变动

1884年格致书院的重要创始人之一徐寿因病去世，徐寿的儿子徐祝三、徐仲虎先后接管书院的财务。在1885年7月1日的董事会会议上，董事会主席担文提议任命贾德先生替代已故的徐寿出任书院司库。在1885年7月15日的董事会会议上，杜维德先生提议由唐茂芝与贾德一起担任联合司库，得到董事会通过。他二人立即接过徐仲虎提交的账务清单、共计1 500两银子的银行存折、现金以及有关书院房产、地产的文件等。董事会授意他们尽快审查书院房屋、土地出租合同和账目，并将审查结果报告董事会。此后由中外两名董事担任书院司库即成为书院的一项制度。

1885 年 6 月 10 日，董事会任命律师担文替代已辞职的吉罗福任董事会主席。秘书傅兰雅希望将其职务转交其他董事，在董事会要求下，他同意暂时留任。

1885 年，新董事会认为应当聘请一个有能力、愿意牺牲其所有时间为书院谋发展、对传播西学孜孜不倦、不折不扣地执行董事会指示的中国人担任山长。为确保董事会对山长的控制权，促使山长拥有恒久的责任心，书院宁可支付山长足够的薪水。经董事会讨论决定聘请回沪定居不久的王韬为格致书院山长。王韬曾流亡海外二十二年，遍历香港、开罗、巴黎、伦敦、东京等地，视野开阔，学贯中西，力主革新教育，是晚清早期维新派的代表人物。鉴于王韬的威望和他的教育思想，1885 年唐廷枢、傅兰雅、担文邀请王韬出任格致书院的山长，得到王韬的同意。在王韬的主持下，格致书院进入新的发展阶段。

七、世纪之交，传承创新

1896 年傅兰雅赴美，1897 年王韬去世，格致书院相继失去两位重要人物。当时国内又逢戊戌政变，之后八国联军侵华，政局动荡，民族危亡，这一切给院务的开展带来一定困难，但书院并没有就此衰落下去，在聘请莱门义任总教习之后，董事会于 1901 年 7 月任命书院董事、中西书院监院、美国卫理公会著名教育家潘慎文为监院（Honorary Director），继续办班授课、开办讲座、组织考课，总理书院教学事务。所有院内房屋、器具、材料等物全交给潘慎文经管。书院所收房租等款，每季先付给潘慎文 7/8 作为办院经费，支付门卫、教师薪金及修理、保险费用；另 1/8 由司库保存，并于 1905 年重点发展藏书楼业务。潘慎文之后任命季礼斐为监院。

1897 年 4 月王韬去世后，山长一职由赵元益接任，主要负责考课工作。赵元益去世后，1902 年，由徐楚亭继任山长，除继续经理考课工作外，还负责藏书楼修缮，负责编纂图书目录，将藏书楼办成现代图书馆。1896 年傅兰雅接受美国加利福尼亚大学的聘请，赴美国任东方语言文学教授，他赴美之后并未退出格致书院董事会。从 1897 年到 1904 年，几乎每年夏季他都要回上海译书，并参加书院董事会，1911 年他还以书院唯一的创始董事身份，投票赞同将格致书院地基赠给工部局办学校。

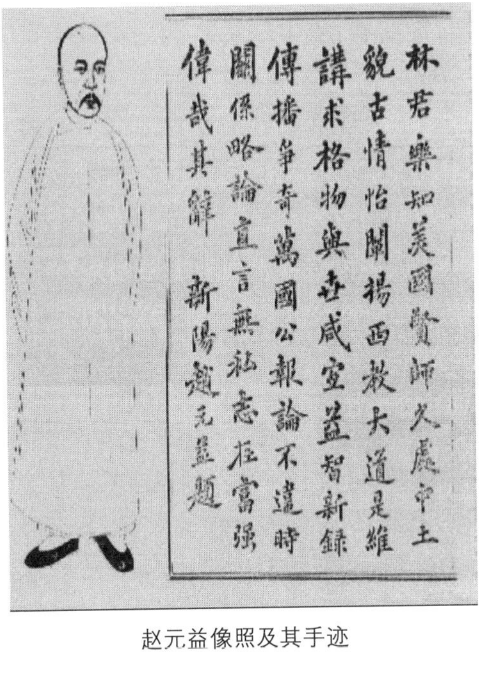

赵元益像照及其手迹

第四章

仪器图书　参阅咨询

一、开放书室、知新堂，提供科技咨询

开院之初，由于书籍尚未购齐，书院没有立即向外界开放。随着书籍的不断丰富，1877 年 2 月，董事会决定先向中国人开放书室，即阅览室，随后还开放知新堂。凡在科技方面有问题需要查阅、咨询的人，都可来院阅读、研习中文版的科学论文，观摩仪器、图表或模型。

书院董事会于 1879 年正式聘请华蘅芳担任格致书院的山长，住在院内照料书院的日常事务，向来院参观的人士讲解仪器的用途，对读者阅读科技书籍时遇到的疑难问题给予解答。清代著名学者杨模记载："华蘅芳在格致书院时，几乎天天都有人去书院参观、学习，提出了算学、格致、矿冶、制造等等问题，华先生一一解答，直到他们满意为止。"①华蘅芳还利用闲暇时间，准备数学等学科的教材。华蘅芳所做的这些工作都是义务的，未领取书院分文报酬。

司库徐寿也经常住在院舍接待来访者，提供科技咨询。他和华蘅芳在书院时，"四方好事者造请无虚日，算术、格致、矿路、制造之

① 纪志刚：《杰出的翻译家和实践家华蘅芳》，科学出版社，2000 年，第 81 页。

属，随事指陈，各满其意而去，以故通达者众，风气为之大开”①。徐寿还和他的儿子徐华封一起，对被送来书院要求化验的铁矿和其他化石作粗略分析。徐寿后来还尝试利用书院资金，购买一些小套的化学和镀金仪器设备，卖给那些咨询科技方面问题的人，获得成功。傅兰雅设想这是吸引更多人来书院参观的好办法，因为这样做可以打消一些人的顾虑——来院纯粹询问科技问题会暴露自己的无知。对于那些不能亲自来书院而用书信询问各种问题的人，只要时间允许，秘书傅兰雅都会回信详尽答复。

为了吸引更多中国人到书院参观，1880 年 5 月，董事会决定在当地报纸刊登文章，扩大对书院的宣传。书院添盖房屋后，还采取措施为远方的访客提供免费住宿，使得这类访客的数量逐渐增加，平均每月达百人左右。《格致汇编》登载了一位远方访客的短文：“予自楚北来沪，下榻于格致书院。是院也，日有晋览者，大半俱雅士文人。其仰瞻之余，靡不坐谈片时，或论时文，或谈记忆，或究笔墨，或讲金石，或询格致之理，可谓人才济济，各显所长。”②

二、经费不足，铁嵌玻璃博物馆搁浅

为了陈列仪器设备，伦敦董事会建议在书院空地上添设一座玻璃大铁房作为博物馆。英国蒲恩公司(Bourne & Co.)为大铁房勾勒了简单轮廓：宽五十尺、长二百尺、高四十余尺，梁栋柱桷用铁质材料建造，窗楞镶嵌玻璃。该建筑结构在当时处于国际先进水平，所使用的建筑技术在国际上尚未十分成熟。

徐寿对此事非常热心，在 1876 年 2 月 7 日召开的董事会会议

① 霍益萍：《上海格致书院述评》，《华东师范大学学报(教育科学版)》1984 年第 4 期。

② 同上。

上，明确表示他和他的中国朋友非常希望看到大铁房能够矗立起来。金斯米尔先生从节约经费角度考虑，认为如果确定要造大铁房，也应当由中国的建筑师来设计。董事会经过认真讨论，考虑到书院经费困难、大铁房的建筑技术有待成熟、该计划的财务安排当时主要由徐寿经管等因素，决定将博物馆作为书院的分支机构，资金、财务完全与书院分开，由徐寿全权负责，书院董事会不再承担建造展览馆的计划。这一决定成为书院开院初期徐寿和西方董事在捐款使用方向上产生分歧的重要原因之一，徐寿倾向于将募集的资金用于购买昂贵的仪器，而英国董事倾向于请外籍教师办班讲学。

徐寿为大铁房设计了一份精美图纸。整座建筑为钢铁玻璃结构，房屋的墙瓦均使用铁质材料，窗户镶以玻璃，力求坚固、明亮。依据分类陈列的原则，徐寿依照伦敦董事会对捐赠物品的分类将大铁房划分为十个展览区，每个展览区宽五十尺、长二十尺、高三十尺。大铁房总共长二百尺、宽五十尺、高三十尺，比英国蒲恩公司设想的要矮十尺。

格致书院铁嵌玻璃博物馆
（未建成）

据初步预算，建造大铁房约需银 13 000 两（建格致书院购地造屋用银约 7 400 两）。为筹措这笔巨款，徐寿先后在《申报》发表《拟设铁嵌玻璃房为博物馆启》《劝捐建博物馆铁屋说》，说明博物馆对研习西学的重要作用，呼吁各界急公好义，踊跃捐赠。这次募捐并不顺利，直到 1878 年格致书院开院两年后，才得到红顶商人胡雪岩应李鸿章的指示捐赠的 5 000 银元（折银 3 700 两）。

不仅徐寿为建造大铁房想方设法募集资金，伦敦董事会也为促成此事动足脑筋。1878 年伦敦董事会拟定了一个方案，委托中国驻伦敦公使转交给中国政府。该方案主要是通过贷款 2 万英镑建造大铁房，利息为 7%，贷款请中国政府作担保。伦敦董事会准备用这笔资金成立一家公司承建大铁房，以入会费分红。李鸿章以格致书院非政府所属机构、政府担保不起作用为由，拒绝担保。伦敦董事会的方案也因此无法付诸实施。

不仅建造大铁房的资金难以筹措，外商答应赠送的仪器设备也大多没有兑现。1877 年上海书院董事包利拉夫斯基（Borilaevsky）曾在欧洲报纸上宣传有关建造博物馆的计划，希望欧洲制造厂家慷慨捐赠，可是没有收到机器或其他物品的捐赠。他断定除非有立即售出的可能，欧洲的制造厂家不会把他们产品的样品送给格致书院。

建造博物馆的计划终因资金不足等原因未能成事，1880 年，上海董事会正式长期搁置该计划，伦敦董事会也就此解散。因这时麦华陀已经回国任职，以后书院与伦敦的事务联系就由他负责。英国许诺捐赠的仪器、器件大多没有兑现，不过徐寿设计的图纸则保存至今。

三、创办上海第一座现代华人图书馆——格致书院藏书楼

格致书院开院时就设立了书室，内存各种中文版的西方书籍

和经史子集，还备有各种报纸杂志，书室分阅书处和藏书处。但当时的书室还不是现代意义上的图书馆，影响也不是很大。到1894年为止，上海共建有四个现代图书馆，但都是由外国人创办的，除圣约翰大学图书馆外，其他三个图书馆都不是为中国人开设的。这些图书馆在当时中国人中影响甚微，很多人根本不知道它们的存在。

甲午战争的惨败、八国联军侵华的耻辱震动了中国人，促使不少有识之士寻求救国良方，一时间出现变法维新、民主共和、实业救国等各种思潮，不管何种方案，“人才之得失系国家之安危”则是共识。改革教育，创办西式学堂、派遣留学生是培养新式人才的重要途径之一，开设图书馆使天下寒士有机会研读各类有价值又极其昂贵的图书也不失为良策。维新时期的强学会上海分会就有“开大书藏”的计划，可惜未能实施。上海第一所为中国人读书阅报提供方便的图书馆就是格致书院藏书楼。陈洙在《上海格致书院藏书楼书目序》中给格致藏书楼以很高评价，他说：“然则居今日而欲裨益学术，光我文治，抗衡欧美，度非地方公建之藏书楼不为功矣。上海处东大陆交冲，文明程度高出内地各都邑，比年学堂学会相踵林立，独藏书楼之建，自海上书藏旋作旋辍外，惟兹楼幸观厥成。虽由中西绅宦捐助书册，足资扩充，然非傅君等组织经营，成效曷能如此之速？吾知登斯楼者，既佩诸君之热诚毅力，以惠我士林，而尤不能不为内国士夫愧且望也。”（《藏书楼书目》）

在格致书院董事会决定修建藏书楼后，董事会就授权监院潘慎文对大楼进行必要的修缮，并任命了一个由李提摩太（T. Richard）等人组成的专门小组组织购买书籍和期刊。1905年1月大楼修缮完毕，耗资800美元，如果把此前购买的物品、书籍和期刊算在内则有1 200美元左右。装修后的大楼宽敞明亮，内部陈设精致典雅。

格致书院藏书楼

为了让更多上海人了解、利用藏书楼，书院在地方报纸上刊登了广告，通告农历二月初一（1905 年 3 月 6 日）藏书楼正式开放，开放时间为每天下午 2 点到晚上 10 点，七八月份放假关闭。藏书楼刚开放时读者人数不多，每天十多人到四五十人不等，但随着藏书楼知名度的提高，读者人数不断上升。读者中少部分是来读书的，更多是来看报的。

到 1905 年 6 月底，图书馆的藏书还极其有限，一方面是因为资金有限，另一方面是因为选购适合的图书也存在困难。书院专门制定了《藏书楼藏书规》，对购书范围作了限制。为了扩大图书收藏，增辟供书渠道，1906 年书院在报纸上登载了一条广告：如有适合藏书楼收藏的图书，愿意出售或赠送者可与书院洽谈联系。广告刊登后，上海重要图书机构和知名人士纷纷慷慨捐赠，支持藏书楼工作。捐赠的机构主要有：制造局、益智书社、广智书局、商务印书馆、广学会书局；捐赠的个人主要是：赵学南、陈仲明、叶友琴、费赞臣、范惇夫。1907年，书院又花费1000多美元购买书刊，到1908年，藏书楼藏书累计达6万多卷，经史子集、古今中外各类图书都有收藏。除图书外，藏书楼还订购了上海出版的各种中文报纸和期刊，如《申报》《新报》《时报》《中外时事舆论》等。为了满足那些会英文的中国人的需要，藏书楼还订购了一定数量的美英杂志，均为月刊。潘慎文还想购买一些标准的英文书籍供懂英语的中国人借阅。

为了方便读者借阅，图书管理员徐楚亭(Mr. Dzi Tsu-ding)①和他的助手从1905年开始着手编订图书分类目录，到1907年完工印刷。这份目录记载了大约5万册图书，分列在6个总目录之下：经部卷一、史部卷二、子部卷三、集部卷四、丛书部卷五、东西学书卷六。内容涉及中国文学、诗歌、散文、历史、传记、百科全书，还有许多有关西方文化的近代作品，如化学、物理学、数学、地理、历史、国际法、政治学、经济学等，囊括古今中外。

目录里还收载了藏书楼藏书规和藏书楼观书约，以下是《格致藏书楼藏书规》：

藏书宜先分类列册，编定甲、乙字样，以便检取。

架上书籍凡有人检阅后，宜随即整齐，毋得散乱。

各种书名暨卷数若干都标明牙签，俾观者一目了然

无论何书凡有人要检阅，毋得令其自取。

所藏诸书只凭人纵观，概不许出借。

无论中外新旧译本，凡涉邪辞小说，无益于人及有干例禁者，概不滥入。

藏书每年遇夏季伏时，宜曝晒一次，以防蠹蛀。

---

① 依据《上海格致书院藏书楼书目序》记载，该图书管理员中文名应是徐楚亭。

初次藏书，议随时续添，现尚未大备，阅者谅之。

藏书之外所有图画及格致仪器、药水等，须随同照管。

书楼每晚九点半钟熄灯之后，将楼门锁闭，不许携灯入楼。

以下则是《格致藏书楼观书约》：

楼上藏书，名目俱一一标明粉牌，悬挂楼下。凡遵约登楼观书者，请先认定某书某卷，以便检交。其未列名牌上者，概不应命，阅者谅之。

楼下桌几备有笔砚册簿，凡欲登楼观书者，请先将姓名、住址及书目登册一面，由司事照填联单，凭单观书，无单不准。

欲观何书，由管书人检交，毋得率自取携。

各种书籍，或有需节抄者，须自备纸笔，用铅笔最宜，总不得沾污书本，以昭慎重。

凡书阅闭，即将该书核对联单，交还互换。持单下楼，将该单交存号房出院。

凡观书时，不宜喧扰，不准吸烟。

无论何书，不许私自携出，有干禁例。

凡各报章，择有益于学界者，无论日报、月报、教报，概照观书例，在楼下阅看，楼上不备。

每日午后二句钟起至五句钟，晚刻七句钟起至九句半钟止，礼拜日停阅。

每年正月二十外开楼，十二月二十内闭楼，停夏一月，均预期登报周知。

格致藏书楼有别于传统书院的藏书楼，是具有时代气息的现代图书馆。主要表现在以下几方面：首先，传统书院藏书楼主要收藏的是经史百家之书，格致藏书楼的藏书则是传统典籍与反映洋务、新学、时务、西学的书籍并存。其次，格致藏书楼中开设了阅览室，传统书院则无。再次，读者范围扩大，传统书院所藏图书，主要以本院师生为读者对象，而格致书院藏书楼则对读者对象未做任何限制，人人皆可借阅，成为完全现代意义上的公共图书馆。

格致藏书楼的藏书不仅使当时不少知识分子受益，而且泽及后人。1930 年，徐寿后人徐凤翔将他保管的所有图书上缴上海市立图书馆，充实了馆藏。

第五章

科普杂志　学术讲座

一、《格致汇编》的由来

西风东渐下，晚清中国曾经出版过多种科普杂志，《格致汇编》便是其中代表之一，它和格致书院有着密切的关系，由傅兰雅创办经营。

傅兰雅

格致书院尚在筹建时，傅兰雅获悉北京广学会（Society for Diffusion of Useful Knowledge）出版的月刊《中西闻见录》（*The Peking Magazine*）即将停刊，于是他就筹划接办此刊。《中西闻见录》是传教士丁韪良等人于1872年创办的以介绍西方科学技术、文化动态和新闻时事为主要内容的月刊，因稿源缺乏等原因准备停刊。为培养中国人的探究精神，传播通俗易懂的科学知识，傅兰雅打算接手后将它办成一份科普读物，内容限定在科技领域，主要刊载科学译著、科学讲稿以及科学课程的短篇解说，读者还可询问有关科学问题，刊名改为《格致汇编》。

在1876年2月7日的董事会会议上，傅兰雅给书院董事传阅了北京广学会的一封来信和报告。来信称广学会决定解散，广学会的权益和所从事的事业一并转交给格致书院，《中西闻见录》也将停刊，希望格致书院出版的《格致汇编》能很快代替它从事业已开始的工作。董事会讨论后认为，出版《格致汇编》会大有裨益，对提高书院的知名度将大有帮助，但囿于经费紧张，董事会决定由傅兰雅负责《中西闻见录》转向《格致汇编》的专刊事宜，傅兰雅可以将书院内的一间房间辟作他的出版办公室，但资金和管理由他个人负责。同时致函给原北京广学会的赞助人，征询他们是否有意继续捐助。两天后，即1876年2月9日，《格致汇编》的创刊号问世，徐寿为其作序。

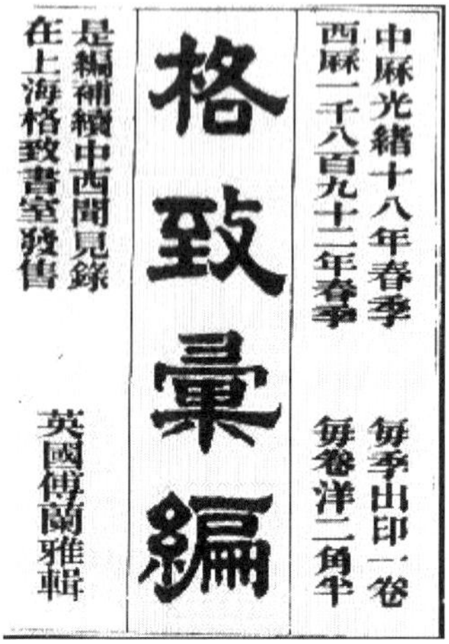

《格致汇编》封面

《格致汇编》表面上看是傅兰雅个人在院外努力的成果，并非书院董事会直接经办的刊物，但实际上，该刊得到格致书院大批董事、教习的鼎力支持。在当时人心目中，《格致汇编》就是格致书院的机关刊物。

徐寿除了为《格致汇编》撰写发刊词外，还为该刊积极撰稿。他撰写的《考证律吕说》等数篇论文，以及与傅兰雅合作翻译的《历览英国铁厂记略》《照相略法》等译文均刊登于《格致汇编》。他有时还替傅兰雅回答读者请教的有关科技方面的各种问题。书院其他董事诸如徐建寅、徐华封、赵元益、玛高温、李提摩太等都曾为《格致汇编》撰稿，华蘅芳还曾帮助傅兰雅校改“算学奇题”专栏的数学题，格致书院后期教习栾学谦作为傅兰雅编译《格致汇编》的助手，为《格致汇编》所付出的精力和时间比傅兰雅本人还要多。

二、《格致汇编》的发行

傅兰雅主编的《格致汇编》自 1876 年 2 月问世，至 1892 年停刊，共刊行 60 期。其间两度停刊，实际刊行七年，前四年为月刊，后三年为季刊。

《格致汇编》起初在上海三马路（今汉口路）老《申报》馆旁发售，1876 年 6 月后移至格致书院，1885 年傅兰雅在汉口路 472 号（老《申报》馆以西）开办格致书室，于是杂志便改在书室发售。此外，《格致汇编》还在北京、青岛、重庆、香港、新加坡、神户、横滨等 40 个地市设立了 51 个代销处。《格致汇编》第一卷印 3 000 册，不到一年即售完并迅速重印，其销量远远超过江南制造局出版的译书。

三、《格致汇编》的内容

《格致汇编》的内容以科技译文为主，每期开头一般是篇幅较长的译文或连载译著，接着是几篇短文，然后是三个专栏："算学奇题""互相问答"和"格物杂说"。

《格致汇编》的显著特点在于除了介绍科学原理之外，也非常注重实用工艺技术的介绍。这既与当时中国兴办的洋务运动相关，也与格致书院拟办的科技训练班一脉相承。《格致汇编》介绍的自然科学门类繁多，包括数学、物理、化学、天文学、地理学、地质学、生物学、医学、药物学等。刊载的工艺技术更是包罗万象，既有啤酒、汽水、养蜂、碾米、制糖、打字、幻灯、电灯、电话、照相机、留声机、灭火机等日常生活用品的制作，也有纺机、凿石、抽水、弹花、造针、造纸、火柴、玻璃、石印、炼铁、炼钢、电镀等生产工具的打造和制造项目的操办，还

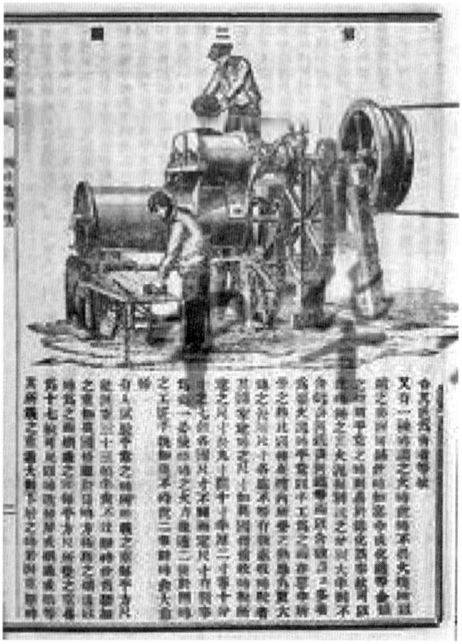

《格致汇编》中的插图

有水雷、炮船等军事技术。《格致汇编》特别注意介绍与洋务运动有关的工艺，如采煤、火车、铁路、造船、机械、炼钢炼铁、纺织机械、电报电话、石板印刷术等。

《格致汇编》还突出介绍了科学仪器和科学实验。众所周知，没有科学实验就没有近代科学，中国由于长期闭关锁国，在《格致汇编》创刊之前，还没有专门介绍科学实验和实验仪器的译著。《格致汇编》出版后不久，就常常有读者来信请教做实验的方法和购买仪器的地点。傅兰雅除回信答复外，还购买了部分仪器和药品，代售给读者。鉴于读者的反应，第二年傅兰雅便刊登了几家著名科学仪器制造商的产品广告，编译了各厂家的产品说明书，辑成《格致释器》在《格致汇编》上连载，成为清末介绍西方科学仪器的重要文献。其中《化学技艺》详细介绍了格里分公司(J. J. Griffin & Co.)生产的各种化学实验用具，如衡量器、容热量热器、过滤器、蒸馏分馏仪器、定量分析仪器等，书中还配有 700 多幅插图。《重学、水学、气学器说》则介绍了机械力学、流体力学和气体实验的常用仪器。《格致汇编》介绍的科学仪器和科学实验与格致书院陈列的科学仪器和举办的科技讲座有着异曲同工之妙，目的都是为中国人在科技知识方面的启蒙创造条件。

《格致汇编》除介绍西方科技外，还刊登了一批中外著名科学家的传记。包括徐光启、李善兰、徐寿、利玛窦、汤若望、爱迪生、巴司嘎拉(巴斯卡)、哥伦布、麦哲伦、古克、富兰克林、蒙奇巴克、立恒士敦等。既有文字介绍,又配有精美画像,可谓图文并茂。

在几个专栏中,“互相问答”最受读者欢迎。来函询问的读者除上海外,江苏、浙江、福建、广东、山东、湖北、湖南、江西、四川、云南等地都有来信询问。询问的问题将近500个,大致分为四类:(1)应用科技,(2)自然常识,(3)基础科学,(4)奇谈怪论。其中大部分是询问近代科学和工艺技术的问题。傅兰雅对这些问题都认真答复,有些问题如关于电镀、农机具、潜水器具、养蜂法、照相法、纺织机械等都翻译了专门译著发表。有些问题则请徐寿等专家回答。下面是读者提出的部分问题:

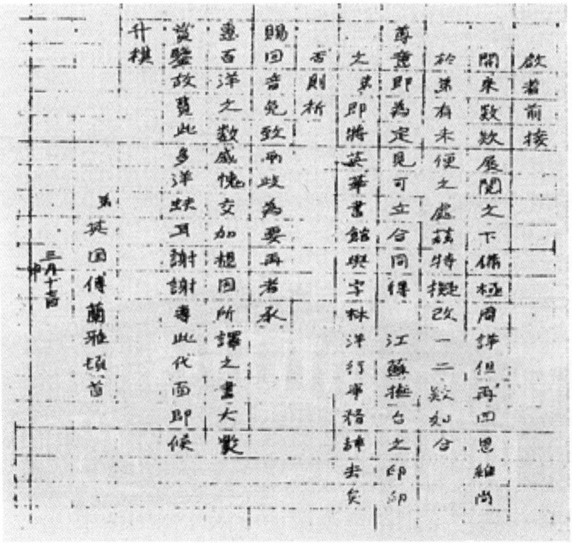
啟者前接
閣來數款展閱之下備極周詳但再四思維尚
於第有未便之處茲特擬改一二款如合
尊意即為定見可立合同得　江蘇撫台之印即
之第即將英華書館與字林洋行章程録去矣
否則祈
賜回音免致兩歧為要再者承
惠西洋之數感愧交加想因所譯之書大數
賞鑒故覓此多洋蚨耳謝謝專此代面即候
升祺
弟英國傅蘭雅頓首
三月十五日

傅兰雅给读者的复函

第 25 条，浙江秀水陶君问：地球为何只有南北两极而无东西两极？

第 170 条，广东某君问：强水（浓硝酸、浓盐酸）滴于木，其木变黑，何故？

第 177 条，宁波真问：既然早晚与中午，太阳的大小远近并无改易，那么为什么中午热而晨暮冷？

第 138 条，上海现有人头戏，头置桌上盘内，桌下要空，头能之语，其理如何？

第 128 条，广东汕头石林君，寄矿石一块，请代化验有无开采价值。（此类求请解答所占比重最大，光是寄矿石要求化验的，就有 10 起以上。）

在熊月之先生著的《西学东渐与晚清社会》一书中，特别写到《格致汇编·相互问答》提问者的分布情况，具体如下表所示：

地区	上海	浙江	江苏	广东	福建	山东	湖北	天津	香港	辽宁	安徽	直隶	江西	北京	其他	总计
人数	52	45	34	30	28	21	16	12	6	3	2	2	2	1	6	260

《格致汇编》全集

从中可以发现，“相互问答”提问者注明籍贯的有 260 人次，这可以在一定程度上看出西学在当时中国传播的密度。提问人数，以通商口岸或各地中心城市为多，相对集中在上海，浙江的宁波、杭州，江苏的苏州、南京，广东的广州、汕头，福建的厦门、福州，山东的烟台等城市中。由此可见，19 世纪 70—90 年代，西学在中国的传播，是以上海为中心，呈浪圈形向四周扩散，主要是通商口岸受西学影响比较大。

因此，“相互问答”专栏真实地反映了当时中国民众对西学的汲取心态，同时也可据此评估西学在当时中国传播的深度与广度。

四、格致学讲座

举办科学知识讲座，普及科技知识是格致书院章程中的重要内容。书院开办初期，因资金短缺，书院讲堂内的仪器、设备迟迟未能配齐，举办讲座的日期也就一再延后。为了能尽快举办科普讲座，董事会决定讲座开办之初由演讲者自带仪器演示，以后随着资金状况的好转，逐步购置齐备。

狄考文

1877 年 6 月 29 日，书院首次开办免费科普讲座，延请美国传教士、山东登州文会馆监院狄考文讲解电学。狄考文边讲边做实验，他用铁丝做导电实验，并用电流引燃爆竹，来说明电的性质和功能，博得台下观众的热烈称赞。这次讲座无论是电学内容本身还是实验演示法，在当时上海都属前卫，对于中国人了解西方科学大有裨益。这次讲座的听众有五六十人，详情记载如下：

所试演之事，内用抽气筒在玻璃罩内得真空，而真空中通附电气。又用大小玻璃管内有轻气、养气等，今附电气通过，其颜色最为可观；又用细铁丝两条，其两端相近而不相接，今附电气行过，则铁丝或钢丝生大热而熔化；从此可见附电气之大能力；又用附电气放棉花药，又放爆竹等事。观者无不赞美，无不欢欣。①

① 王尔敏：《格致书院志略》，香港中文大学出版社，1980 年，第 39 页。

格致书院内陈列的设备

为了给科技讲座和日后的教学创造条件，书院董事会于1877年购买了一座电灯仪器、一套供整座楼照明用的煤气灯装置、一些水压仪器、发动机模型和幻灯机。在1878—1879年书院经费异常紧张的情况下，书院还分别花费958.5两、519.62两银子购买了各种仪器设备。到1883年，书院还陆续收到各方的实物捐赠：书院时任主席担文赠送的一个矿石标本陈设柜和一大套彩色图表；福州船政局送的炼铁炉和冶金仪器模型；荷兰国王陛下送的关于记述爪哇遗址的大型图册；吴子登阁下送的一座水力发电机；伯明翰的泰勒(Taylor)和夏兰(Chailen)先生送的有用机器和一些玻璃器皿样品。

通过不断添置，格致书院的仪器设备渐具规模，受到驻英公使郭嵩焘的称赞。这些仪器设备不仅成为参观者科学启蒙的辅助用具，使他们眼界大开，而且与格致书院举办的科技讲座相得益彰，为书院引领上海风气的实验教学法提供了物质保障。

1889年，格致书院的资金状况有所好转，董事会写信到伦敦，托英国皇家军事学院的汉金森博士推荐格致学教师，最后书院聘请了白尔敦(Mr. Brown)先生。为安顿白尔敦一家，董事会在他来沪之前，便请人将大楼西边的四间房子装修了一番，1890年夏白尔敦一家正式入住格致书院。白尔敦订购了一些器材和药品，自带了一些私人实验仪器准备供书院上课使用。董事会还应白尔敦先生的要求，为实验室和讲堂接通了自来水和煤气，购置了实验台和实验凳。根据董事会的设想，白尔敦将从事两方面的工作：一是开办科普公益讲座，面向社会公众，介绍格致学概论，讲解时辅以科学演示实验，主要是营造尊重科学、熟悉科学的社会风尚；二是办班授课，系统讲解各门自然科学，如气学、水学、热学、光学、电学、化学、矿学等，培养科技类人才。可惜来沪不到三个月，白尔敦先生就因疾猝逝，他准备好的讲座纲要只能留待后人使用。董事会主席担文请汉金森博士另觅教师，这次聘请的是玛敦阿(McDonald)。

1891 年 12 月，玛敦阿抵达上海，董事会请他对照白尔敦修订的目录核查仪器设备，将白尔敦留下的私人实验器材登记造册，还请玛敦阿阅读白尔敦的讲座纲要，看看利用已有的器材，能将讲座开设到何种程度。可是玛敦阿在 1892 年的答复是他无法将现有器材整理到足以开设讲座或上课的程度，他要求另添设备，而书院的资金状况不容许这样做。双方争执不下后，1892 年，董事会决定在地方报纸刊登开班广告，根据报名情况决定是否有必要购买玛敦阿要求的设备和化学药品，结果报名者寥寥无几。科技讲座则等到玛敦阿的中文水平有较大进步之后进行。董事会还希望玛敦阿能向来院参观、咨询的中国人演示讲解仪器用途，回答他们的问题。遗憾的是，后来玛敦阿的行为给书院带来不良影响，例如不履行看护书院的职责，移居汉口路朋友家中，将书院的一些家具搬走，离开书院时擅自将钥匙交给他人，不认真回答来访者的问题等。这些事情促使董事会于 1892 年决定提前解除与玛敦阿的聘用合同，其秘书后来帮他在北京一所大学谋得职位。经历了白尔敦和玛敦阿两件事之后，面对来自伦敦的几份求职信，董事会的董事们已经激情不再，书院董事会决定暂停考虑聘请新的外籍科技教师，直至 1898 年。

尽管经历了上述两次挫折，但是格致书院的公益科普讲座并没有就此停顿。1894 年，在第 27 次董事会会议上，董事们商定续办科技讲座，但因中日战争的爆发而耽搁。1895 年，书院秘书傅兰雅亲自利用幻灯片举办了六次讲座，题目分别是：《采矿和采矿设备》《布拉西杜的环球旅行》《生理学与解剖学》《总督大人在南京》《芝加哥世界博览会》和《动物学》。讲座主题突破了科普范围,取得良好的社会效应。

1896 年,傅兰雅赴美任教,书院的公益讲座因此受到影响。1898 年,书院董事会主席担文授权傅兰雅在美国选聘一位精通自然科学的教师,每月薪水白银 200 两,住在书院内,聘期三年。长期在美国加利福尼亚州从事科普工作的莱门义(E. R. Lyman)先生受到聘请。他是继白尔敦、玛敦阿之后,格致书院董事会聘用的第三位外籍自然科学教师。莱门义来院后,为书院的教学工作和科技讲座拟定了一份有创意的规划。在科技讲座方面,莱门义认为今后举办讲座的目标要有所更改,不再是向听众粗略介绍那些有一定实用性和趣味性的科学常识,而是要向听众传达一种理念,即西方国家在开发利用自然资源过程中,技术教育的作用功不可没。比如中国人听完钢铁讲座之后,不用在意听众是否思考如何实际运用刚刚听到的炼钢知识,听众脑海中能留下"只有运用科学的方法、技术,冶铸钢铁才能取得巨大成功"这样的印象就足够了。每个讲座都要围绕应用科学举行,其主题都是应用科学的分支。莱门义的报告赢得书院董事的赏识,但在实施过程中遇到障碍,莱门义不懂中文,无法立即举办此类讲座,他要求用一年的时间学习中文。1901 年莱门义聘用期满,离开格致书院,在莱门义受聘期间格致书院科技讲座实际开展状况目前尚不清楚,有待进一步整理调查。

五、综合类讲座

1901 年 7 月,格致书院董事会任命格致书院董事、中西书院监院、美国卫理公会著名教育家潘慎文(A. P. Parker)为监院(Honorary Director),总理书院教学工作。所有院内房屋、器具、材料等物全部交给潘慎文管理。书院租金收入的 7/8 交由潘慎文经管,用于支付门卫、教师薪金及维修、保险等费用；另 1/8 由司库保存，以备他用。

潘慎文任监院期间，公益讲座持续规范开展，时间基本定在周四晚上。大部分讲座由潘慎文主讲，内容包括电学、数学、美国政府、教育、西方国家妇女地位以及时事等。少部分讲座由董事会邀请在沪知名人士主讲，主要有：Messrs. Darroch；季理斐牧师（MacGillivray）；I. C. Suez；李佳白（Drs. Reid）；李提摩太；来自 Anglo-Chinese 大学的 Mr. P. Y. Sy；Yui Koh-tsung；孙道台（Shun Tun-ho），这些人中有些就是书院董事。讲座的主题大多是时事、科学和综合类知识。讲座举行的季节不固定，1906 年安排在春、秋、冬三个季节的周四晚上举行，1907 年则安排在春、秋天的周四晚上开办。为避免一些人因不知道时间、主题而错过听讲座的机会，格致书院常将开办讲座的公告事先刊登在地方报纸上。公益讲座在上海引起强烈的社会反响，讲堂内经常座无虚席、气氛热烈。因此，潘慎文在 1901 年计划第二年春天找一位助手扩展该项业务。

李提摩太

1908 年，潘慎文先生辞职回美国，书院董事会付给他 1 200 元，作为他六年多来为书院操劳的酬金。广学会传教士季理斐接任监院职务。季理斐接任监院后，周四晚的公益讲座继续举办。主要延请中外名人主讲，被延请的先后有：李佳白、乐荣安、沈仲礼、史拜言、史洪赉、俞宗周、汪孝奎、英安仁等。这些讲座既扩大了格致书院的社会影响，而且对于倡导新学、转换沪上社会风气也起到了积极作用。

第六章

办班授课　“格致”为先

一、办学计划的拟定

格致书院创办之后，开办培训班，教授格致实学，培养科技人才是书院章程的重要内容之一，书院董事为此拟定了多个办学方案。但由于格致书院初期经费困难，在当时的中国难以聘请懂得此类知识的教师，以及受科举制的影响难以招收愿意接受此类教育的学生，格致书院初期拟定的多个办学方案基本未能实施。

在1878年4月6日的董事会会议上，董事会主席担文提出了一个办班授课计划：开办一个科技培训班，从欧洲聘请一位教员任教，用徐寿计划购买仪器的2 000两银子支付薪金，教员住在书院内，开班初期无需全面铺开，可从开设化学班或矿物班着手。如此选择办班科目，主要是考虑当时中国正开展洋务运动，急需懂得采矿和冶金知识的人才，开设这两门课程可能最受学生欢迎。担文认为办培训班既可以给书院注入活力，又可以通过收纳学费使书院资金很快做到自给自足。该计划尽管得到绝大多数董事的赞同，但由于徐寿更关注于铁玻璃房的筹建和仪器展览方面，而且徐寿个人慷慨解囊为书院还清了银行债务，董事会最终采纳了徐寿的建议，将2 000两银子依旧用于购买科学仪器，办班授课所需的经费由唐廷枢等人自行募集。担文、唐廷枢、唐茂芝等人打算说服不少于十名中国绅士、商人同意将儿子、亲戚送到科技培训班学习，以便将来成为一名矿业工程师，学费是每人每年200两白银，共交三年。因为最后只说服了七名绅商，不到计划数，所凑的资金不足以从欧洲聘请教员，所以该计划只好搁置。

1879年，书院房租收入118.63两，资金稍许宽裕，办班授课的计划重新提上日程。1879年11月1日，徐寿以书院的名义在《申报》刊登《招生公启》，筹备招生办班。书院计划开设两类课程——外语和格致实学，格致实学包括算学、化学、矿学、机器之学等。聘请名师专家分别授课，学制三年，名额不限。报名者除每年缴纳学费40元外，还须于开学时缴纳300元定金，三年学成后原数退还，学习未满三年半途而废者，其银充公。书院提供伙食。从公告看出，书院计划开设的课程类似于洋务学堂，主要是外语和各类工艺技术，洋务教育面临的困境格致书院同样遇到。这次招生并不成功，主要是由于当时科举制尚未废除，国人"学而优则仕"的观念根深蒂固，不少家长宁愿送孩子去传统书院学习四书五经，将来求取功名。此外，300元的定金也使得一些人望而却步。

1883年，傅兰雅再次提出开办科技培训班的计划。他打算从欧美寻找一位正在找工作的毕业生到书院任教，该毕业生必须学过格致类课程并通过考试，拥有语言天赋，这样他能较快掌握中文。即便第一堂课教师用英语授课也没有太大关系，他确信能招到足够会讲英文的学生。教材则使用外国教科书的中译本，上课时教师辅以实验演示。学生由董事会通过广告和个人影响来招募。傅兰雅还建议设立专项基金，资助科技训练班和讲座。为实现该计划，董事会讨论后决定先由唐廷枢和唐茂芝请求两江总督和李鸿章指令各地矿业公司为格致书院开办的化学、矿学和冶金知识培训班捐助资金；该请求得到批准后再由唐廷枢和傅兰雅去欧美聘请教师；如果中国官员不批准，董事会再另谋他法。傅兰雅的计划虽得到部分中国官员的支持，终因募集的资金不足聘请外籍教师而告吹。

二、王韬推动班级授课

王韬

王韬是继徐寿之后格致书院的一位重要主办者，1885 年接任山长以后，一方面在报端发表文章，大力抨击旧式教育制度，声明格致之学对于国家富强以及个人生计的功效；另一方面，他积极奔走联络，组织规划，招收生童。1885 年 12 月，书院在报上刊登了办班公告，计划招收学生学习英语(包括口语和写作)、数学、地理、自然科学以及其他科学基础知识，这些学科都采用英国教材，由吴其藻老师用北京方言任教。上课时间为上午 9 点到中午，下午 2 点到下午 5 点，星期天休息。学费每月 5 元，一般课本、文具和午餐皆由书院免费提供。因该班开设的目的旨在为以后科学课程的学习做准备，故要求至少在院学习一年。每三个月考试一次，成绩优异者给与奖励。顺利修完基础课程者可获书院颁发的证书。

这次办班比较成功，书院终于开设了一个比较正规的教学班，傅兰雅称之为“较高程度的科学学习班”。王韬亲自为它拟定教学内容，不教四书五经，单讲外语和自然科学；授课形式采用班级制，教学分门别类进行，开创了中国新型课堂教学的先河。办班效果显著，1887 年 5 月，总理衙门向光绪帝的奏折中提到全国一半以上的数学天才学生是上海格致书院所培养(这其中很大一部分人是来院向徐寿、华蘅芳请教、探讨学问后自称是格致书院学生)。1886 年，该班有 12 名学生就读。1888 年因学生数只有 8 名，只得暂停开设，1889 年续设,有18人就读,1890年发展到22人。1891年吴其藻老师离沪,更换的第二位教师经常缺课,董事会只得再次暂停招生。1892年董事会聘得新的英语老师,恢复了英语班,该年有5名学生报名。

三、外教白尔敦、玛敦阿的聘请

格致书院董事们自始至终认为,欲使中国人深入了解西方科学技术,非招生办班、聘请外籍专家悉心教授不可,为此书院初期曾多次拟定招生方案,多因经费不足中途夭折。到1889年书院资金状况好转时,董事会写信到伦敦,托人聘请格致学教师(science teacher)。1990年,白尔敦接受书院董事会聘请来沪任教。根据董事会要求,白尔敦主要从事两方面的工作:一是面向社会,开设公益讲座,普及科技知识;二是招收学生,分班细教。学生长住院内,学习各类格致学课程:气学、水学、热学、光学、电学、化学、矿学。每学完一门课程,学生都要接受严格考试,考试合格者发给凭证,作为日后寻找工作时出示的依据。每名学生每月交学费10元,食宿在内;不住宿的每月交6元。学习化学、矿学、炼金三门学科者,以三年为期。学习电学或照像或电镀等的可随时集中数人开班,另行教授。因白尔敦不懂中文,开始必须招收会英语的学生,估计一年后科技讲座和学生授课即可用中文进行。可惜白尔敦先生来沪不到三个月,就因疾猝逝。

白尔敦先生逝世后,书院董事会又托人在伦敦聘请了玛敦阿先生继续白尔敦先生的工作,可是这位外籍教师来沪后并未很好履行职责,其所作所为还有损书院形象,1892年董事会便在地方报纸刊登招生广告,可惜应者也寥寥无几。不得已董事会提前解除了与玛敦阿的聘用合同。于是,聘请外籍教师招生办班的计划再次遇到挫折。

四、傅兰雅亲定《西学课程》，教授数学

傅兰雅亦是格致书院创办初期的主办者之一，在他看来，上海社会风气未开、经费不足、无合适的教师是格致书院在办班授课、培养科技人才方面未取得预期效果的三大主要原因。为摆脱困境，1894年5月，傅兰雅提出了一个新计划：由他用中文在星期六晚上免费向中国人开设科技讲座和讲习班，得到董事会的赞同。可惜该计划后因中日甲午战争的爆发而搁置。

1895年，中日甲午战争以中国战败而告结束，《马关条约》的签订使国人深为震动，为挽救民族危亡，有识之士掀起了维新变法运动，中华大地上出现了兴办学堂学习西学的新热潮。在这一形势下，傅兰雅拟定了详细的《格致书院西学课程》，发表在《申报》上，这些课程可以说是白尔敦教学计划的继承与发展，它以工艺技术为主要内容，以自学、疑难解答、考核、发放文凭为主要形式，组织学生进行学习。详细计划如下：西学课程分矿务、电务、测绘、工程、汽机、制造六大类，每类下又设置几门至几十门课程，从学者可自行选择学习课程。学生学习以自学为主，傅兰雅为他们制订了由浅入深、循序渐进的学习顺序表，学生学习过程中遇到疑难问题，可定期到书院询问，傅兰雅将为之讲解。课程中如遇到要做实验的，可定期到书院，利用书院仪器做试验，也可使用影戏灯等，所有这些，书院一概分文不取。学生自学之后，自认为已经熟练掌握某门课程，便可到书院参加面试。考试日期定在星期六晚上，每月一次。面试合格，就发给该课课凭，然后换学新的课程，否则考生就要继续复习原课程，等下次再考。傅兰雅拟定的西学章程，是书院所有教学计划中最完备、最详尽的一个，他设计的矿物学课程分为全课与专课两种，具体内容如下：

所谓全课者，包括所有矿务的基础知识，涉及广泛而未深入。所

谓专课者，则于矿务之中，专攻一类，如开煤矿，开金矿，或是开矿工程，开矿机械等。兹将傅兰雅所订矿务科课程大纲条列于后：

矿务全课目录

一课　数学　二课　洞内通风法　分为：气质化学课　防火灯课　测风器具课　通风理法课　岔路通风法课等　三课　煤之地学　四课　求煤各法　五课　开煤井煤洞法　分为：开井开洞开煤各法课　六课　开各金类矿法　七课　测绘煤与各金类矿井洞法　分为：几何略法课　指南针测绘课　经纬仪测绘课　水平仪测绘课　测井法课　测煤洞法课　测金类矿洞法课　八课　机器学　分为重学略课　助力器课　配机器样式课　器具材料坚固课　汽机锅炉课　起重牵重课　用空气与压紧空气器具课　静水学课　动水学课　水重学课　起水机器课　通风器具课　钻器凿器课　地面备用房屋机器器具课　九课　画图法　分为画图器料课　运规各法课　画各物体课　十课　立医伤害初用各法　十一课　开煤开矿各国律例　十二课　开煤开矿管账法　十四课　矿学　十五课　试验各矿法　分为备矿法课　天平砝码课　熔炉课　试矿药料课　试验金银法课　锅内炼矿法课　骨灰分银法课　试验铅矿法课　试水验铁法课　试验矽养二法课等　十六课　金类矿之地学　分为地学略课　金之地学课　银之地学课　铅之地学课　锌之地学课　铜之地学课　铁之地学课　煤与火油之地学课　锡之地学课　汞等地学课　十七课　相地求矿法

（注：以上是全课，下面专课）

第一门　开煤课

一课　教学　二课　通风法　三课　防火灯　四课　煤之学　五课　求煤法　六课　开井法　七课　开煤法　八课　测绘煤洞法　九课　重学略法　十课　材料坚固法　十一课　锅炉学　十二课　汽机学　十三课　牵重机器　十四课　起重机器　十五课　起水

机器　十六课　钻器凿器　十七课　压紧空气传力法与电气传力法　十八课　通风机器　十九课　备煤块大小分等法　二十课　医受伤初用法　二十一课　开煤律例　二十二课　开煤洞管账法

第二门　开金类矿课

一课　数学　二课　测绘开金类矿洞法　三课　吹火筒法　四课　矿学　五课　试矿法　六课　各矿地学　七课　相地求矿法　八课　开井法　九课　开矿法　十课　重学略法　十一课　材料坚固　十二课　锅炉学　十三课　汽机学　十四课　起重机器　十五课　起水机器　十六课　压紧空气传力法　十七课　电传力法　十八课　凿矿机器　十九课　轧矿分矿机器　二十课　医伤初用法　二十一课　开矿管账法

第三门　矿务机器课

一课　数学　二课　重学略法　三课　机器重学　四课　配机器样式法　五课　材料坚固法　六课　锅炉学　七课　汽机学　八课　起重牵重机器　九课　起水机器　十课　压紧空气传力法　十一课　用电气传力法　十二课　通风机器　十三课　钻与凿机器　十四课　分煤块大小机器　十五课　轧碎各矿与分类机器　十六课　画各机器图法

除制定《格致书院西学课程》让学生自学外，傅兰雅还开办了周末晚上的科技讲习班(Saturday evening science classes)教授算术。傅兰雅认为数学是各门格致学科的基础，不懂数学，其他各科都难以理解。数学中又以算术为基础，懂得算术，方可继续学习代数、几何、三角、八线等。于是傅兰雅每周六晚便在书院亲自讲授西方算术，总共有 21 课，运用阿拉伯数字、加减乘除、等号、比例、开平方、开立方等运算符号。每次上完课傅兰雅还要布置十几道题目，让学生回家演算在纸上，下周六交给傅兰雅批阅。来院听课的学生有三四十人。傅兰雅每月测验一次，得 75 分(百分制)以上者发放“课凭”。到 1895 年底，有 26

人获得课凭。傅兰雅还表示对于那些家住得较远但愿意学习算学的学生,书院可以为他们寄送题目,对于寄来的作业他也一律认真批阅。

五、陆仁堂、栾学谦教授数学、化学

1896 年,格致书院另外开设了全日制科学班(science day classes),由陆仁堂先生任教,聘期三年,当时有 10 名学生就读。

1896 年,正当周末晚科学讲习班渐有起色之时,傅兰雅接受美国加利福尼亚大学的聘请,赴美国任东方语言文学教授。为了不中断书院学生的学业,傅兰雅离华之前,把书院的教学任务托付给长子傅绍兰。不幸的是,傅绍兰接任不久,就于 1896 年 12 月病逝于上海。不少学生担心这会影响到他们新课的学习,幸亏陆仁堂精通西方数学,顶替傅绍兰在周末晚教授代数及格物诸学。

傅兰雅赴美后,在格致书院任教的另一位著名教师就是栾学谦。栾学谦,山东蓬莱人,幼年在教会学校接受教育。《格致汇编》创刊后不久,被傅兰雅聘用,协助编译《格致汇编》等书。1897 年,栾学谦开始在书院内传授化学。“化学”这一学科名词在我国的最早记载,出自王韬在 1855 年 3 月 2 日所写的日记中:“十有四日,丁未,是晨郁泰峰耒,同偕名园游玩。戴君特出奇器,盛于栖中相注,曷顿复变色,名曰化学,想系磺强水所制。”栾学谦以徐寿与傅

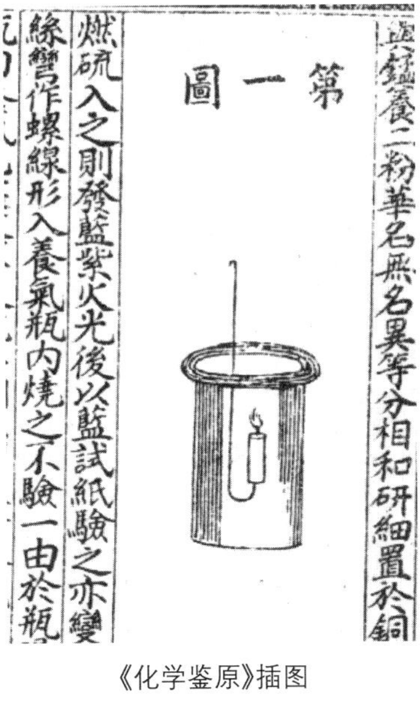

《化学鉴原》插图

兰雅合译的《化学鉴原》为教材，每周周六晚上课。主要讲授化学的基本原理，以及氧气、氢气、氯气、氮气等气体的性质，授课时先介绍理论，后实验演示，这套教学方法在当时的中国颇为先进。栾学谦给学生做氢气演示实验时，正逢傅兰雅从美国回上海办事，傅兰雅偕同美国传教士秀耀春(F. Huberty James)一起观看了实验，称赞说："所试各事，颇觉得法，惜来观者未能众多，拟请集本院诸董与当道诸公，再为试演，以扩眼界。"(《皇朝经世文新编》卷二十一)傅兰雅再次返美前，把书院教学之事转托给秀耀春、陆仁堂和栾学谦。秀耀春是傅兰雅在益智书会的代理人，被傅兰雅推荐接任傅绍兰在翻译馆的职务，同时执教格致书院。1898 年，秀耀春辞职到北京美国领事馆任职。

六、莱门义拟办应用科学学校

秀耀春辞职后，1898 年 3 月，书院董事会主席担文授权傅兰雅在美国选聘一位教授西学的教师。每月薪水 200 两白银，住在书院内，聘期三年。莱门义先生接受了聘请，他曾长期在美国加利福尼亚州从事科普工作。来院后，莱门义提出了他的办学思路：将格致书院办成一所应用科学学校(a school of Applied Science)，培养专业技术人才。

在莱门义看来，格致书院过去二十多年所做的，诸如组织格致学讲座、开设西学课程、陈列科学仪器、编译出售科普读物等工作多是向中国人宣传、普及西方科学知识，承担的主要是科学信息中心(a Scientific Information Bureau)的职能。这些工作在过去是必要的，它有助于转换社会风气，改变中国人对西方科学的态度，使中国人逐步认识到西方科学对于振兴中国的重要性。时至今日，这种"唤醒工作"已基本完成，经历洋务运动、中日甲午战争、维新运动之后，中国人已经认识到中国需要西方科学，一些人也正为倡导科学而大声疾呼。下一步中国需要的是技术科学(technical science)，即技术的开发和应用，技术科学不可能大众化。中国学生不应仅仅了解西方科学的梗概，而应精通精确、详细且可操作的技术知识。把书院办成应用科学学校，就可以为学生提供诸如化学、地质学、矿物学、化验方法、农学等各种技术科学的培训，这些技术知识是他们将来指导工程建设所必备的。应用科学学校的学生在接受专门技术培训之前，必须掌握基础数学、基础物理和基础化学的全部知识。而这些基础学科的教学，由于格致书院的资源和经验有限，难以承担。好在随着上海社会风气的改变，上海教授这类基础学科的学校已不在少数，格致书院可以从这些学校招收学生。有了生源，就可以实施教学计划。

莱门义的教学计划大致分三步进行：第一步是开设必修课程，分两个层次，先开设数学、高级物理、高级化学这些入门课程，当学生具备进一步学习化学的能力时，再开设分析化学(包括定性分析和定量分析)、有机化学；第二步是开设选修的专业课程，包括矿学、农学、化学分支学科(如铸铁、制造火药、肥皂、糖等)。采矿专业的学生则需要进一步学习地质学、矿物学和测定学。第三步是书院向工程学、市政(civil)、机械学、电学领域拓展，从而使格致书院这所技术学校渐趋完备。实施这三步计划意味着格致书院要投入更多的人力、空间和设备。

莱门义的报告得到书院董事的赞赏。但在具体实施时，遇到了不少障碍，莱门义不懂中文，无法立即从事教学，他要求用一年时间学习中文。1900年他又向董事会提交报告：表示他的时间主要用来教授比较高深的分支学科，难以同时承担入门班与提高班的教学，如果格致书院与其他从事基础教育的机构合并，那么受过基础教育的学生就可到他的班级进一步深造，问题也就迎刃而解。他建议与弗格来先生(Mr Ferguson)开办的南洋学院联合，但这将使格致书院的性质发生重大变化，可能还需要出售现有土地并购置其他财产。莱门义得知他的建议没有得到董事会采纳后，表示他将尽最大努力履行好他现在的职责，直到合同期满，但不会续签。1901 年，莱门义离开了格致书院。同年，格致书院聘请了一位中国教师在校上课。

七、潘慎文总理书院后期教学

潘慎文

潘慎文任监院期间，在办班授课、培养新式人才方面做了不少工作，取得了一定成效。1901 年 9 月 4 日，他在书院开办了一所寄宿制学校。注册学生 15 人，上午学习英语，下午学习数学和基础科学，由一位圣约翰大学的毕业生斯维兹(I. C. Suez)授课，教学效果受到好评，另外还有两名中国教师任教(注：他们的姓名无从考证，只是从 1901 年下半年书院经费的开支中得知有两名中国教师)。潘慎文每周来校一次，察看教学进展情况。学生宿舍安置在书院前排的六间房子里，一些学生在书院内用餐，由一名勤杂人员负责伙食。1902 年，该校由李佳白负责收缴学费、伙食费，发放教师薪水事宜。至 1904 年秋，学生数增加到 45 名。但在李佳白负责的尚贤堂和格致书院合并谈判破裂后，李佳白将该校迁出。1906 年，潘慎文又将书院西面的房屋借给卫理公会办学，约有 30 名学生就读，由威廉女士任教，另有一名中国教师协助。

1907 年，书院董事会商议在书院内开办一所铁路和矿业工程学校，并成立了专门小组负责筹备，这与 1898 年莱门义的规划一脉相承。然而，虽然书院在地方报纸上刊登了招生广告，但到 1908 年，报名人数仍然寥寥无几，聘请能胜任这类学校教学的教师也遇到了困难。1908 年，潘慎文向董事会汇报他筹办铁路和矿业工程学校的工作失败,董事会只得放弃这一计划。

尽管格致书院的办学困难重重,但是书院的教育仍培养了相当一批新式人才,著名的有:赵元益,参与创办《新学报》,宣传科学;瞿昂来,担任《经世报》笔政,鼓吹维新;钟天纬,创设上海三等公学,自编教科书《蒙学镜》12 册,革新教学方法,组织申江雅集会,探讨教育改良问题。1898 年维新运动期间,钟天纬在格致书院成立了兴学会,商议改良教育,提倡新式教育。当时曾记载一次会议情况:“钟鹤笙大会同志,欲兴中学破蒙新法,诸人列坐静听,使朱君葆元宣说。西国教小儿,自三岁至六岁,所用之法皆寓意于戏具而皆有学问根本,以炼其心思焉。有书以载之,名曰《儿童花园》。又述父母教所生婴儿条约,曲折又精理。”钟天纬为中国小学教育的近代化做出了重要贡献。他开办小学堂,编辑教科书,开近代小学白话文教科书之先河。他改革教学方法,尝试新的教学方法,为近代教育的普及做出了不懈努力。叶瀚,曾参与创办《蒙学报》,发起蒙学公会,倡导幼儿启蒙教育。他参与创设中国教育会、理科通学所,改良中国教育。他还是上海维新界的活跃人物,被推为“中国议会”书记,积极参加拒法、拒俄运动。正如一位学生所言,格致书院里的新鲜气息,使得“四方风动,群彦四起,实为后日维新之基”。

第七章

有奖考课　时务论坛

一、传统书院的考课

考课，相当于现在的考试，是一所学校考核学生学习情况、检验办学成效的最主要方法。清代传统书院的考课按主持者而论，有官课、师课之分；以时间而论，有日课、月课、季课、春课、秋课之别。官课是由官员主持的考试，一般每月一次，以考时文、试帖（注：八股文）为主，考试形式多为面试。师课由山长主持，考试形式仿照官课，只是考试内容略多。官课考卷的评定者一般有主课官员或其委托的幕僚、当地名儒，或其他书院的山长。师课则由山长或山长委托的学长、分教习（注：学科分管教师）等负责批阅、划分等第、张榜公布。考课成绩的好坏，对于生童的奖罚、在书院的待遇，甚至能否住院学习有着决定意义。格致书院的考课沿用了传统书院的某些做法，但形式、内容都有相当大的改革。

二、格致考课，洋务论坛

为推动中国知识界研习西方科学技术，关注国家大事和民族命运，扩展格致书院业务，在钟天纬的建议下，山长王韬于 1886 年开始，举行一年四次面向全国公众的考课，格致书院的业务由此从专事科技教育领域，拓展为既传播西方科技又探讨时事。

郑观应

四季考课，类似于今天的有奖征文。王韬主持的四季考课，形式类似于旧式书院，但考题的内容有重大突破，主要围绕西学、洋务、边防、外交、富强之术、人才、经济、语言文字等中国现实问题展开，参试者可以围绕考题直抒己见，针砭时弊。考课的整个过程分以下几个步骤：首先是王韬按季禀请清朝官员命题，然后由格致书院将考课题目在报上公布，限定各地考生交卷期限，课卷汇总后呈交命题官员批阅、评定等第，再由王韬详加评语、眉批，对于名列前茅的考生，书院给予奖励，每季一等奖白银 25 两，命题官员另外还会赠银嘉奖优胜者。第一年，即 1886 年，春、夏、秋、冬四季考课分别由苏松太道邵友濂、宁绍台道薛福成、周馥、龚照瑗命题阅卷、评定等第。

四季考课持续三年之后，格致书院又于 1889 年开始在常年四课之外增添春、秋特课，邀请南北洋大臣、海关道宪命题试士。1889 年春季李鸿章命题三道，嘉奖二百多元；秋季曾国荃也命题三道，嘉奖一百二十元。除此之外，洋务派刘坤一、薛福成、郑观应、盛宣怀、周馥、裴式模（M. B. Bredon，江海关税务司）等人都曾为格致书院出题、阅卷、评定名次。他们的命题涉及创设海军、修造铁路、丝茶贸易、国际公约、禁止鸦片、改革币制、办理邮政、船炮制造、中西历法、开设议院、中西差异、西方语言文字、中国宗教事务等各方面。1889 年甚至有董事提议增加英文考课,后因董事会决议将经费集中用于聘请科技班教师而作罢。

格致考课开始时应试者较少,第一次只有 24 人,后来影响逐渐扩大,第二年增加到近百人,闽、浙、苏、皖等地有志西学之士都踊跃应试。至 1894 年,格致书院共考课 46 次,命题 88 道,获奖总人数为 1 878 人次,课卷也有相当高的水平。例如盛宣怀给钟天纬写的有关“轮船电报二事应如何剔弊,方能持久论”文章的评语是“益我已多”,希望钟天纬能“面谈数日”。

格致书院的考课,不仅引导读书人研究近代科学技术和富国强兵之术,而且还探讨中西文化的差异,以及在中国开设议院的可能性等,涉及很多社会科学领域,一定程度上突破了洋务运动的范畴,以其强烈的入世、涉世精神引起早期改良派学者的共鸣。格致书院的考课得以成功,主要在于王韬的办院思想适应了当时洋务运动富国强兵的需要,书院考课成为了知识分子与封疆大吏之间交流、探讨洋务问题的论坛。王韬认为,“书院既以格致命名,则所命之题自当以西学为主,而旁及时事洋务,然史论亦在所不废”。格致书院的考课得到了政府官员和知识分子的广泛认可,成为知识分子向政府官员进言、探讨时务的沟通渠道。参与命题、阅卷的多是高级官员自不必说,应试的考生除教会学校的毕业生外,还有苏、浙、粤等府县出身的学生,其中不少是已获功名的士人。

据王尔敏在《格致书院志略》中统计,格致书院历年总计 86 名获奖者中,有贡生 54 人、监生 3 人、举人 5 人,已有功名出身的正途之士共计 62 人,占总数的 72%。如此高的参与程度表明,格致书院的新式教育已经在很大程度上得到了正统知识分子的认可与理解。格致书院考课制度的创立,极大地推进了西学在中国的传播和传统知识分子对国计民生的关注。

三、格致书院课艺

更难能可贵的是，王韬还将优秀课卷(也就是命题论文竞赛的优胜作品)，包括考官的眉批、评语，汇集起来编成《格致课艺全编》，按年刊印发行，共 15 册，流传至今。考课应征者大多是当时的读书人，来自全国各地，大部分是普通读书人，没有显赫的功名，如果不是因为有了这部课艺，我们很难知道他们曾经存在过。正因为如此，课艺更具有普遍意义，其中不少应征的论文显示了作者广博的学识与敏锐的才智，而“课艺”本身也成为我们研究那段历史的极佳资料。

公开发行的《格致课艺全编》

格致书院不同时期的课艺

以下是格致课艺的部分题目,涉及面相当广泛:

1. “中国创设海军”议

2. “中国近日讲求富强之术,当以何者为先”论

3. “中国创行铁路利弊”论

4. “格致之学中西异同”论

5. “轮船电报二事应如何剔弊,方能持久”论

6. 问:中国近年丝茶出口之货,核通商总册,较光绪初年有增无减,而丝茶各商日见耗折,其故何欤?今议整顿之法,其策安在?

7. 问:中国工商生计,多为洋人所夺,欲收回利权,应如何进口货少、出口货多,以期利不外散,权自我操?诸生留心时事,其各条举以对。

8. 问:海军以船为本,有船则必有修船之坞,而修理铁甲船之坞尤为难得,以经费与地势限之也。近者北洋大沽、旅顺皆有船坞,胶州则甫经规划,将来能否渐修铁舰,均未可知。南洋惟广州之黄埔船坞号为能修铁甲船,恐亦不甚宽畅。故中国近虽有铁舰,必须驶至日本之长崎借坞修理,甚非计也!夫以中国之大,岂竟无一善地可为铁甲船坞者乎?彼长崎之船坞,其初用费几何?究竟形势若何?中国经营铁甲船坞,以何地最善?能详悉言之欤?

9. “近日北边防务轻重缓急何在”论

10. 大学格致之说,自郑康成以下,无虑数十家,于近今西学有偶合否?西学格致,始于希腊之阿卢力士讬德尔,至英人贝根出,尽变前说,其学始精。逮达文、施本思二家之书行,其学益备,能详溯其源流欤?

11. 各国立约通商,本为彼此人民来往营生起见。设今有一国,议欲禁止有约之国人民来往,其理与公法相背否?能详考博征以明之欤?

12. 印度近来讲求茶利不遗余力,幸茶味不及华产,是以销售未

广，一时尚难与中国敌。惟印商近以华茶掺和印茶，冀畅销路，始则华多而印少，继则华少而印多。中国茶利，后此必渐为所夺，能预筹防弊之方欤？

13. 文字笔兴，历数千载。藏书之富，今倍于古。近日泰西亦重文字。据闻各国书院，有藏书至数十万卷、数百万卷者，不知所藏何书？中国书籍，固有流传外洋者，而西士著作日盛，除已译西书外，其未入中国者尚多。凡语习各国文字之士，应留心及之。尚能详征博考，撮举大要，录为书目否？

14. “洋药一项，每岁金钱出口甚巨。中国吸烟者多，而罂粟之禁，虑妨民食，势必土浆日少、洋药居奇。宜用何策，杜塞漏卮、无害縠产”论。

15. 问：中国古今养蚕之法，宜取何术，致蚕丝收成日旺？并各国现在养蚕利病得失，视中国有无异同？出口之货，丝为大宗。江浙等省，尤以蚕务为重。诸生讲求时事，其详举所闻以对。

16. 考泰西于近百十年间各国皆设立上下议院，借以通君民之情。其风几同。于皇古书有之，曰“民惟邦本，本固邦宁”，又曰“众心成城”。设使堂廉高远，则下情或不能上达。故说者谓中国亦宜设议院，以达舆情、采清议，有若古者乡校之遗意，苟或行之，其果有利益欤？或有谓之既久，不无流弊。究未悉其间利害若何，能一一敷陈之欤？

17. “铸银币得失”说

18. 问：海军衙门议造汉口至卢沟桥轮车干路，以资拱卫。或谓汉口至信阳州山路崎岖，工程倍费；或谓取道襄樊路较平易；或谓由浦口起，可兼运长江下游各省货客。南北干路自系定策，取道远近、难易、平陂、繁简，将来勘择，不厌求详。如有熟谙舆地之学，精核工程之计，以及如何分筹官本商本、不借洋债不买洋铁，以期有利无弊。盖详晰以对；并可绘图立说，备转陈采择焉！

19. “德奥义合纵、俄法连衡”论

20. 外国之富，在讲求技艺日新月异。所以制造多，商务盛，藉养万民几万。未悉泰西技艺书院分几门、学几年，艺乃可成？我中土何以尚未设技艺书院？各省所设西学馆制造局，多且久矣。未识有精通技艺机器之华人，能独出心裁，自造一新奇之物否？必如何振兴其事，斯不借材异域？请剖析论之！……

四、后期考课，传承创新

王韬任山长期间开创的考课制度，极大地促进了西学在中国的传播，推动了知识分子对时事的关注，加速了社会风气的转变。王韬去世后，书院另请周某负责考课，编辑考生作品。1900 年，义和团运动爆发，考课中断。1901 年潘慎文任书院监院后予以恢复。他根据书院财政状况，调整考课次数，除继续原有的季课、特课外，还增加了月课。

根据新的章程，从 1901 年 10 月到 1904 年上半年，每月举行一次考课，由书院命题、阅卷，出资奖励，考策论、数学、理化诸艺，以培养通才。1901 年共举行两次，第一次考课是在 10 月 3 日，考课主题有两方面：时事和数学。考课的题目公布后，各地反响热烈，不少有价值的文章都被送来参赛，有的是讨论热点问题，有的则是对数学难题的简明论证。针对每个主题，书院都选取 10 到 12 篇优秀文章予以奖励，奖金从 30 元到 40 元不等。上海的几家主要书店争相取得获奖文章的出版权，把它们用于商业投资。

1904 年秋天，由于潘慎文因病离开上海，书院着力修缮藏书楼，经费紧张，停止了每月一次的月课，以季课来代替，由上海、宁波、天津道台和驻南京的两江总督设计考题，批阅文章，出资嘉奖。1905 年，在董事会的授权下，潘慎文与那些租期已满的承租人拟定新的租借合同,并将租金提高了一倍,使得书院的租金收入大幅度提高。1906年,随着书院的财政状况好转,潘慎文又恢复了书院自行命题、自行颁奖的月课,还从获奖佳作中挑选一些最优秀的文章,出版发行。1907年,考课工作进一步发展,除举办月课、季课外,还组织了两次由两位总督命题的特课。月课的主题没变,依然是时事和数学,参赛的人数基本在四五十人到一百五十人左右。书院全年颁发的奖金总数为242美元。季课的题目由潘慎文等人邀请各关道拟订。两次特课则由两江总督端方和直隶杨总督分别命题。他们出的考课题目涉及政事、商务、数学、西方科学和综合知识等各个领域,范围很广,囊括古今。这些官员为每期考课颁发的奖金从120到400银元不等。

1908年,潘慎文先生辞职回美国,书院付给他1 200元,作为他六年多来为书院操劳的酬金。广学会传教士季理斐接任监院职务。每月考课照例举行,考题涉及掌故、时事和数学等方面。季课、特课依然邀请清朝官员命题、阅卷、奖励。

从某种意义上说,格致书院的考课制度是中国早期维新思想的一个论坛,那些命题和征文对当时知识分子的思想注意力从工商科技转移到政治制度方面起到了启蒙作用。格致书院的教学也已经从仅仅学习西方的科技知识,转向关心时务和国家大事,以期解决现实问题,从根本上说就是要救国、强国。总之,当年格致书院的教学和考试都有效发挥了教育服务社会的功能。

第八章

顺应潮流　书院转型

一、清末教育改革与工部局的教育方针

饱经忧患的大清帝国经过半个多世纪欧风美雨的冲刷、浸润，到20世纪初在内忧外患的压力下，不得不踏上了政治、经济、文化全方位现代化转型的征程。

1901年清政府开始实施新政，在文化教育方面先后颁布《钦定学堂章程》《奏定学堂章程》，确定了中国最早最完整的近代学校系统。1905年废科举，立学部，开启了中国教育行政管理近代化和制度化的步伐。在这一形势下，各类新式学堂如雨后春笋般在上海滩矗立起来，它们有的由西方人士创建，如徐汇公学、圣约翰大学；有的由清政府建立，如兵工学堂、南洋学堂；有的是华人私立学校，如南洋中学、民立中学；有的是旧式书院改办，如敬业、龙门、梅溪、吴会书院皆改为新式学校。以推广西方科学技术、培养新式人才为要务的格致书院董事们也在思考着书院新的发展方向。

当时上海租界分为公共租界和法租界。工部局是公共租界的最高行政机构，管理公共租界内的各项事务。教育方面，工部局先后成立了西童公学委员会和华童公学委员会，分别管理工部局经办的西童学校（招收外国儿童的学校）和华童学校（招收中国儿童的学校）。

到1911年为止,工部局在公共租界内办的华童学校只有一所——1904年创办的华童公学(今晋元中学前身),另一所育才公学正在修建当中,计划建一幢包含15个教室的三层教学楼,它是由伊利·嘉道理(Ely Kadoorie)先生出资修建的,准备完工后捐赠给工部局。1911年普通教育委员会向工部局提交了一份调查报告,报告指出,工部局对租界内的华童教育不负完全责任,工部局的目标应该是为租界内的青年提供专业培训,而不是对华童进行普及教育,因为如果这样做就会超出工部局的财力。不过如果华人或外侨有建立工部局华童学校的愿望,并且愿为建造校舍提供合适的校址或资金,只要预算和当地条件允许,工部局应从税收中拿出一部分款项来建造并维持此类学校。伊利·嘉道理捐建育才公学和普通教育委员会的报告,均对格致书院的西方董事产生了重要影响。

二、西董捐赠书院的计划

1911年3月2日,在格致书院董事会上古柏律师就书院未来发展提出了一个新的规划:鉴于中国人对基础教育的需求不断扩大,董事会应将书院的地皮,以相当于捐赠的价格,租给公共租界工部局,由工部局出资为中国儿童建造一所一流的学校;该校由一董事会管理,其中须有格致书院董事会代表;基础科学必须纳入该校课程;书院的地产收入用来设立奖学金及学校开销;书院的其他财产仍由书院董事会经管,但工部局有权任命一人参加书院董事会。古柏之所以提出该校要由工部局出资兴办而非书院董事会直接经办,主要是经费问题,据估计建造一所一流的华童学校需银45 000两,建成后每年的支出按工部局经办的华童公学计算,需银15 000两,而书院1911年的存款只有12 669.5元,差额甚巨。古柏的建议原则上得到书院董事会的赞同,董事会任命了一个四人专门小组审察该规划,拟订详细条款。

在1911年3月7日召开的四人小组会议上，徐祝三提出一个新的办学方案，即在南市区靠近兵工厂的地方由书院出资办一所华人学校，估计买地、建屋需耗资6 000元，学校每年的开支为1 000元。对于该计划，李提摩太和古柏建议徐祝三就所需费用拟定一个详细方案提交董事会讨论。李提摩太指出，根据他的经验，除非由外国人管理，否则这样的学校注定要失败。会上徐祝三还提议如果将书院地皮让给工部局办学校，学校的顶层应当用来办阅览室，存放藏书楼的书籍。但实际上这是与工部局签订协议以后再考虑的细节问题，其他人都认为眼下关键是拟订怎样的协议条款，工部局才会同意出资办这所学校。在这一问题上，徐祝三坚持自己的主张，认为工部局既然使用书院地皮办学校，就应当付租金给书院，书院才能用这笔租金维持藏书楼的开销，而古柏等认为工部局不可能在这样的条件下签订协议。双方僵持不下，四人小组会议没有达成协议，只好提交董事会重新讨论。

1911年7月5日召开董事会议，书院创始人傅兰雅也到会。会上古柏律师把他于3月2日董事会上提出的方案进行了修改：增加了有关图书馆的内容，即将目前格致书院的地基租给工部局60年，由工部局出资为中国人建造一所一流的学校和公共图书馆，这种租借仅仅是名义上的；图书馆和阅览室要有独立的出口，馆内存放最有价值的中英文书籍以供查询；书院的地产收入用于学校和图书馆的开销及颁发奖学金之类。删去了“书院其他财产应由书院董事会经管，但工部局有权任命一人参加书院董事会”这一条，其他有关学校课程与管理的内容则与之前相同。李提摩太建议，在工部局建的学校大楼内应立一块牌子，上面注明租给工部局的土地和其他资产的价值及书院董事会的名称，并且该校须将“格致”(Polytechnic)作为永久校名。会上徐祝三提出了四条修正意见，基本改变了古柏计划的主要内容。徐祝三的修正方案提交表决时,六名西董和聂其杰(原为书院董事,此前他已向董事会提交辞呈,此次会议是特邀来的)投反对票,四名华董投赞成票。古柏的方案提交表决时结果恰恰相反,六名西董和聂其杰投赞成票,四名华董投反对票。董事会宣布古柏的方案获得通过。

1911 年 7 月 14 日,董事会主席担文写信给工部局,建议工部局租借书院大楼地基(地皮不够书院可再提供)60 年,用来建造一所一流的华童学校,这种租借仅仅是名义上的,建校费用由工部局提供;"格致"要作为这所学校的永久校名;"科学"课要成为学校的特色课程;学校由工部局任命的董事会管理,董事会中须有原格致书院董事会的代表;书院的地产收入将用于学校的日常开销及颁发奖学金之类。信中还介绍了书院的地产情况:书院位于广西路与北海路转角处,占地 1 亩 7 分 5 厘 6 毫。书院拥有的全部地产面积将近 10 亩,绝大部分地皮上建有房屋,用于出租,每年可得租金收入 5 900 元。担文的信中没有提及建立公共图书馆的事项。

1911 年 7 月 19 日,上海工部局董事会召开会议讨论担文的来信,讨论结果总的来说倾向于接受担文提议。于是 7 月 24 日工部局秘书长莱文森(W. E. Leveson)给担文写了回信。回信称格致书院董事会的提议被视为一种财产转让,工部局感谢并接受书院董事会的提议,信中还指出因中心区地价昂贵,如果没有获得捐赠,工部局要在最繁华的中心区建一所华人学校,将会遥遥无期。不过工部局对完全接受担文的提议还是做了两项保留:首先,普通教育委员会还没有呈交有关华人教育的报告,该报告有可能反对继续兴建由工部局直接经办的学校(注:在 7 月 19 日工部局董事会上,华童公学委员会的代表共虎特先生已表示格致书院的提议与普通教育委员会拟议中的有关华童教育的建议不谋而合,报告不可能反对。秘书这样写只是一个程序问题)。其次,要在下届纳税人年会上获得通过。目前工部局的办学经费占去税收很大一部分,每年达 13 000 银元,而随着育才公学的建成,这笔数目将成倍增加。在下届纳税人年会上就建校方案投票表决时,可能有人为了控制华人教育开支的增长趋势而投反对票。从后来情况看,事情进展顺利,1912 年的纳税人年会并没有因经费原因拒绝接受担文的提议。

1912 年,格致书院西董与工部局法律顾问草拟了一份合同。与担文信中的提议相比,该合同更进了一步,它不仅仅是将格致书院一亩多的地基租给工部局,而是把书院几乎所有资产,包括:近 10 亩的地产、房屋、篱笆、银行存款、以后几年的租金收入、藏书楼图书等一切权利都租借给工部局。合同草案的主要内容有:格致书院的全部地产、房屋等以每年一银元的价格租借给工部局,工部局须自费拆除书院大楼并在书院地基上建造一所与华童公学同等规格的学校;该校课程设置中"科学"与"技艺"要占突出地位,校名中须有"格致"字样,该校董事会须有两位书院代表,一位西人,一位华人;书院的存款 16 000 银元转让给工部局,作为建造华人公共藏书楼和阅书所的费用,该校学生有上楼借阅书报的权利;书院的地租、房租收入须用于该校的日常开支、奖学金或学生的饭费津贴等;该合同从 1913 年正月一日起生效,有效期为 60 年,合同到期后可续订。

三、中西董事分办书院

1912 年,格致书院西董与工部局法律顾问草拟的合同草案得到了工部局董事会会议的批准,但遭到了除聂其杰以外的华人董事的反对。华董赵学南、王一亭、李平书、汪晓村、徐祝三联名写信给西董担文和古柏,认为此合同违背了傅兰雅、徐寿等人创办格致书院时制定的章程,要求西董予以收回,并提出三种振兴书院的方案让西董选择:一、依照 1911 年 7 月 5 日董事会上古柏的提议,"租去地基一小份,拨款划地,中西各自分办”;二、遵照当年章程中提出的“若干年后将书院交给华人办理”的想法,“地基、款项全归华人经理”;三、“仍旧中西管理,大加整顿”。格致书院华董和西董经过多方磋商后决定中西分办,分办的条件有些变化:书院所有地产由西董租给工部局办学校(因大部分土地上建有房屋出租,租契大多到1925年到期,所以要到1925年工部局才能实际拥有书院所有地产),书院大楼及楼内仪器、设备、图书、存款及今后几年的租金收入一概归华董,由华董在南市区再建一所书院。

1913年12月30日,以华董徐祝三、赵学南、汪晓村(注:合同签订时,该董事已去世)、聂其杰、马相伯、李平书、王一亭为一方,西董担文律师、傅兰雅博士、李提摩太教士、史医生、贾福来工程师、法陆士(J. Frost)君、古柏律师为一方,工部局为一方,正式签订格致书院分办合同。合同主要内容是:书院9亩7分5厘5毫的土地及地上房屋、篱笆等建筑物以999年为限租给工部局,其中大部分土地要等到现行租契到期之后(1925年)才能动用,工部局须在五、六、七号地皮上建造一所类似于华童公学的学校,不同于华童公学的是新校课程须突出“科学”和“技艺”特色;校名中须永存“格致”二字;校董中须有华董徐祝三参加;书院19 710.04美元的存款和一、二、三、四号地产上剩余年份的租金由工部局收缴并交给华董,作为华董在城南建造新的格致书院的经费,所有款项由徐祝三签收;第七号土地(即书院地基)上的建筑物及院内的图书、仪器、标本等器物也由徐祝三在六个月内拆除、搬运,用于建造、布置新的格致书院。合同正文分别用中、英文书写。合同签订之后,中西董事和工部局人员于1914年10月31日到会审公廨申请验证,并派代表出席了公开听证会。土地转让合同最后得到会审公廨批准,并于1914年11月5日在上海英总领事署注册留档。

李平书

王一亭

李提摩太

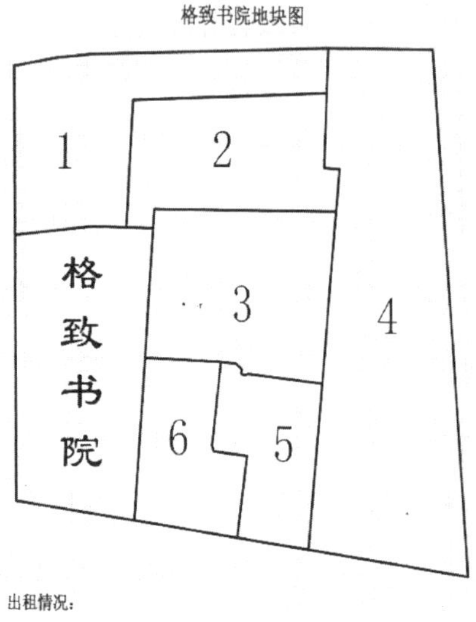

格致书院地块图

1915年3月30日，为履行三方达成的土地转让合同，工部局秘书长莱维森写信给书院司库法陆士和聂其杰，请他们将截至合同签字日期的定期存款、银行支票移交给他，由他转交书院华董。并请两位司库通知阿尔加(Mr. A. E. Algar),把他此后收缴的租金呈交工部局处理。格致书院财务办公室的职权就此终止,请他们将手中的账簿和记录交给他,由工部局保留存档。

1915 年 4 月 20 日,法陆士在给莱维森的回信中称,接到工部局秘书长来信后,书院董事于 19 日晚召开会议。由于聂其杰最近赴美,众董事一致推选古柏先生接替他的司库职务,将格致书院存在汇丰银行的定期存款和支票移交工部局。就在此次会议上总共 25 020 美元的移交工作完成(因为古柏当时就是工部局副总董)。法陆士还请莱维森开具一张正式收据给他,并说已经通知阿尔加先生以后将他收缴的租金交给工部局;一旦账簿审查完毕,他就把账簿连同其他资料一并交给工部局。

鉴于书院大楼不久就要被华董拆除、运往城南建造新的格致书院。书院董事会主席古柏认为,尽管书院地契的副本已经通过英领事署找到,仍然有必要取出被徐寿公开埋于书院墙壁里面的地契原件。根据担文律师的指点,1915 年 4 月 21 日,书院的扶壁被挖开,墙里有一块朝上竖立的大石头,清除石头上的陈年灰泥后,只见一根长约 6 英寸的铅线,铅线下面吊着的就是已经灰迹斑斑的地契,但地契上的印墨表明它是原版文件。随后工部局董事会以工部局名义申请了一份新地契。

1915 年 6 月 2 日,古柏先生在工部局董事会会议上称,格致书院的有关财产已于当天早晨正式转让给工部局,格致书院董事会至此解散。

四、华董格致书院的建立与转让

中西分办书院的合同签字后,华董于 1915 年夏在南市龙华路新桥路口,以每亩约 500 元的价格购买了 8 亩 1 分 8 厘土地,随后差人将旧书院的房屋拆卸，运往新购土地，再添一些水泥、木料，重建格致书院，1915 年冬工程竣工。新添水泥、木料连同旧屋料搬运费总共费银 3 900 两，铺设街边水沟耗费百余两。新院竖有巨碑，上书“华董格致书院”。书院基本维持原貌，主要建筑是一座三进五开间的二层楼房，屋顶使用琉璃瓦，还有一个漂亮的花园。根据书院中西分办合同，华董须在六个月内将旧院拆除，院内的图书、仪器、标本等器物也须搬运完毕。在新院建成之前，华董就向林某租借了六间房屋，临时摆放书籍、仪器、标本等物件，每月租金 24 元，半年共 145 元，布置费约五六十元。六个月后华董用五六十辆踏车将所有器物运往新院，搬运费一百五六十元。搬进的书籍、仪器、标本等均放置在楼上的书橱和陈列柜里，因原藏书楼藏书有数万册之巨，因而书橱很多，高及墙顶。陈列柜都是玻璃做的，陈列的不少标本仪器都是珍品。大厅里摆设的桌椅都是红木制品，气派非凡，有些家具还是按徐祝三之子徐华封的设计特制而成的。院内还备有一两间课室。

新院自 1916 年起雇佣两名工役，1919 年改雇侯得印一人看管书院。因书院地处偏僻，又临近兵工厂，迭次战乱，均遭蹂躏，除组织朱云龙、王维、张水淇、张心渊、祝纪藩等人翻译了一些西方工艺书籍外，新院业务未能发展，基本空关，书院董事会也很少开会。1924 年江浙战争爆发，卢永祥率军到达上海，向徐祝三借用院屋驻兵，徐祝三就将院内贵重仪器、书籍、标本等物件搬至家中保管，余下的非贵重物品锁在院内一间房里。兵到之后，院内两个玻璃柜和八把椅子被士兵拿走，一些玻璃器皿则由徐凤翔（徐祝三之子）用汽车搬出，部分书籍被人卖往废品站，因书上盖有格致书院印章，被高昌庙二区派出所截获送还。藏至徐祝三家中的仪器、书籍、标本等器物事后也没有放还书院，1927 年 11 月徐祝三去世后就由其子徐凤翔保管。

1928 年上海特别市财政紧张，教育局希望利用华董格致书院的资产改办民众博物馆、科学馆，就派人查阅《上海县续志》，询问书院现任董事或董事之子，了解书院财产情况。调查过程中，书院董事或董事之子聂其杰、王一亭、赵学南、马湘伯、黄庆澜等都明确表示赞同教育局接收书院款产、续办格致事业。因书院财产经徐祝三、徐凤翔两代人之手，账目书写又不甚规范，其他董事因董事会长期未开对书院财产状况也不甚了解，教育局在核查书院财产过程中遇到一些困难，于是就联合财政局、土地局立案调查，并请徐凤翔的哥哥徐文蔚协助，最后基本查清。1930 年徐凤翔呈缴给有关各局的财产总计有四项：

（一）钱款：银一万四千六百二十两四钱九分，另加一千元罚金

（二）地产：总计八亩一分八厘（书院建成后大部分土地是用于出租）

（三）器具、建筑：

瓦楼房	五幢	门窗地板因兵灾不全
瓦平房门埭	五间	门窗地板因兵灾不全
工部局契约	一份	
译稿	四十种	均工业专门书
木刻书板	四百四十二块	
化分矿质求数	铜锌纸版一套	
存电理法	铜锌纸版一套	
电热电析术木版	五十块；	
炼铁专书木版	七十八块	
存电理法木板	三十块；	
炼钢精蕴木板	一百零八块	
匾额	二块	
天然几	一张	
造煤气机	一部	不全
汽耳科发电机	一部	不全

存电玻璃缸	十四只
玻璃橱	三只
花铁	三块

（四）书籍五千八百本

第九章

校舍修建　公学开办

一、权宜之计，临时校舍搭建

根据中西分办书院合同，工部局应当在五、六、七地皮上建立一所与华童公学同等规格的学校。可是由于格致书院与魏洽记等租地商签订的合同尚未到期，1913年工部局实际可用的地皮只有1.7亩，想要建造与华童公学同等规模的学校存在困难。而且1913年格致书院华董聂其杰于东区杨树浦捐献了一块地皮，工部局准备优先考虑该地的建校方案（即后来的聂中丞公学），难以在1914年的预算中再拨经费修建格致公学。不过工部局也没有消极等待，中西分办书院的合同签字后，工部局就筹划提前解除第六号地块上格致书院与金松记签订的租借合同。1915年10月安布鲁斯先生写信给工部局，表示愿意将第六号地块的租借权出让给工部局，条件是获得9 600银元的补偿金。工部局董事会就此事进行了讨论：根据工程师的报告，安布鲁斯的条件并非苛刻，即使再谈判，降价幅度也不大。但是古柏在会上反对接受这一条件，理由有两个：一是工部局预算中没有纳入这笔巨款；二是根据中西分办书院合同，工部局只有同时取得第五号地块的所有权，才能开始建校工程。最后工部局董事会决定将这两处的租金累积起来，以作若干年后购买这两处产业用。

到 1916 年,尽快为中心区的华童提供教育设施的事项变得相当紧迫。育才公学校长写信给工部局,称如果工部局一直要等到 1925 年所有租契都到期之后才开始动工建校,而在此之前无任何作为的话,要冒被中国人误解的危险——工部局要从已经在案的建校计划中退出。他建议在书院空地上(即原格致书院大楼的地基)建一所可容纳一百人的临时校舍,该临时校舍因地处南面,其地皮可作为将来永久校舍的操场。等到 1918 年 2 月 2 日格致书院与梁钰记的租地合同到期,工部局便可在新取得的 2 亩 6 分多的土地上兴建永久校舍,估计 1920 年 9 月竣工,这样临时校舍可利用时间为三年半,建临

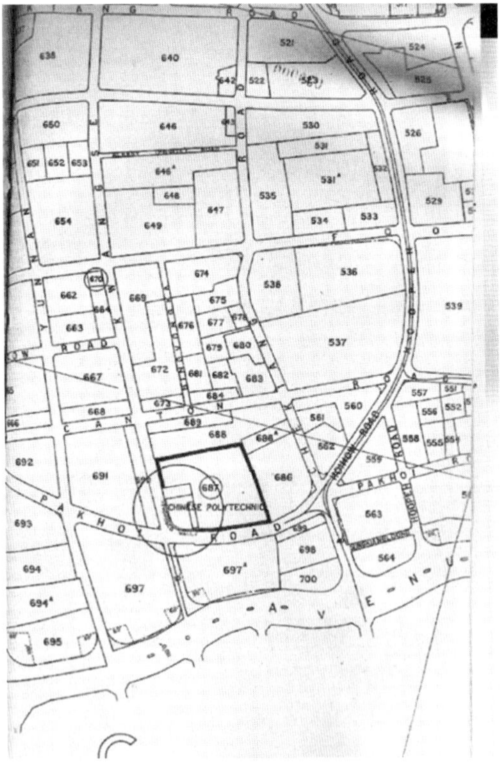

临时校舍在租界位置

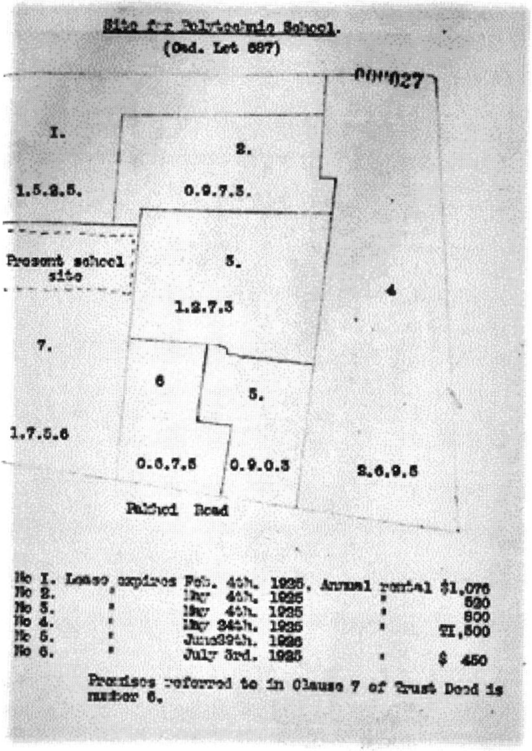

临时校舍具体位置

时校舍是值得的。5 月 24 日，工部局董事会对育才公学校长的提议进行了讨论，得到董事会一致通过，预算建校费用为 3 000 元。10 月份组织工程招标，建筑商 Sing Fah Kee 以 3 225 银元的最低价格中标。

不久工程开始施工，建成后的临时校舍坐落于广西路、北海路交叉口，包括 5 个教室，每个教室可容纳 20 个学生。另有一个厕所和独立的单间，该房可用作校长办公室、书室。电话号码是 5055。

二、凿壁借光，招生办学

1917 年 2 月 7 日格致公学（Polytechnic Public School for Chinese）正式开学。该学校一年可以春、秋两次报名入学，1917 年夏季学期（summer term）注册学生 100 人；冬季学期（winter term）注册学生 95 人。

出勤率：2 月 96.7　3 月 94.7　4 月 91.2　5 月 92.0
6 月 89.2　9 月 97.5　10 月 94.4　11 月 95.5
12 月 96.2

学生年龄分布状况：

年龄：	7	8	9	10	11	12	13	14	15	16	17	18	19
学生数：	1	1	3	9	19	23	22	21	14	7	4	5	1

平均年龄：12.9 岁

这两组数据显示，格致公学管理规范，出勤率很高，学生入学年龄差异悬殊。当时采用的是英国学制，设正科与预科，也就是小学生、初中生都招收。

在新开学的夏季学期里，即 1917 年上半年，格致公学的校长（当时称监院）由华童公学校长康普（Mr. G. S. Foster Kemp）兼任，康普校长确定了格致公学的中文校名——上海工部局格致公学和英文校名——Shanghai Municipal Council Polytechnic Public School for Chinese，教室内的电灯、课桌椅、伞架等设施都由康普校长申请配置、安装。格致公学的英文课程也由华童公学的外籍教师每周来教授若干节。康普校长以华童公学为模版，制定了格致公学的各项规章制度，采用英国学制，设预科和正科，课程设置也以华童公学为样板，分中文部和英文部。康普校长每隔一两天到校一次，主要校务都由汪治、屠元礼根据校长意图办理。由于康普校长和华童公学教师的努力，格致公学有了良好的开端。

不过终究这种跨校教学、跨校管理的安排不切实际，在冬季学期开始时，工部局就将格致公学与华童公学分开，成为独立的办学机构。1917 年 7 月，华童公学的高级助教雷勒(Mr. S. Rayner)被任命为格致公学校长，当时第一次世界大战尚未结束，他仍在战场服役，就由希廉(L. C. Healey)代理校长。希廉校长上任后申请建造储煤棚，安装供暖设备——炉子。格致公学最初的师资都自华童公学调来，中文主任为屠元礼，陈显白、李凤藻和李宪章三位教师用中文上课，汪治、经乾林、乐秀荣、张青云四位教师则用英文授课，他们都是专任教师。其中三位用英文上课的华籍教师曾在局立师范学校(the Municipal Normal School)接受培训，至上课时三位教师英文已能应付自如。另外还有裴来(1930 年调任格致公学校长)和琼斯分别是英文、体育兼职教师。11 月 2 日，格致公学接受了工部局常设教育委员会的视察。

希廉校长(第一排左四)与华童公学来格致公学讲课老师合影

格致公学的学生相当勤奋和自律，很少有违纪行为，校长认为没有必要在第一年就引入奖罚体制。所有教师的目标是使校园生活快乐而有趣，防止校风变坏。

三、双语教学，重视卫生体育

格致公学的课程设置类似于华童公学，分中文部和英文部，各开设若干科目，中文部的课程用中文讲授，英文部的课程用英文授课。用英文上课的时间要比用中文上课的时间多，这一方面有利于学生的英文学习，另一方面也使希廉校长担心会走向另一端：格致学生毕业时用英语交流能应答自如，用中文却结结巴巴。为避免这种尴尬局面的出现，除所有班级都开设国文课外，还准备在来年的高年级不再强制规定英文课所占时间一定要超过中文。因为是教学第一年，学校教学侧重于学生学习方法的掌握而非知识获得的多寡。

受工部局影响，格致公学非常重视卫生工作和体育活动。学校在学生中倡议接种牛痘，得到广泛响应，当年有一半以上的学生接种完毕，学校未出现传染病病例。受条件限制，第一年没有开设唱歌课，学校就利用这一时间作个人卫生的指导和公共卫生的讨论，而不是把它用来加强语、数、外教学。受学校场地的限制，校际间的体育竞赛难以在校内举行。足球运动也难以开展，平时缺乏训练，因此足球季赛败给其他学校。不过像篮球这类空间要求小的体育项目依然开展得有声有色。两名中国助教组织的童子军游戏风靡全校，很大程度上取代了通常的体育锻炼和军事训练。11 月 9 日，借用华童公学操场举行了一场非正规运动会，学校还给运动会获奖者颁奖。

四、临时校舍的扩建

随着学生的升级和就读人数的增加,1916 建的临时校舍很快就不敷使用,为适应中心城区对教育设施日益增长的需要,同时为了更合理地将学生分入不同年级,扩建校舍已是必然的趋势。1918 年,代理校长希廉建议工部局对原有校舍进行扩建,得到批准。扩建工程在暑期进行,耗资 3 400 两,包括三间平房和一个厕所,位于原校舍的南面、操场的东部。其中两间小房子用作教室,可容纳 75 名学生,一间大房子用作科学讲解室(即理化讲演室),室内配备了科学演示台、36 张折叠桌、椅,并接通了自来水和煤气。

新增教室在 1918 年秋季开学投入使用,因科学讲演室是一间大教室,且装备了折叠桌椅,学校就将绘画课、阴雨天的体育课都安排在此上课。由于北海路、广西路比较嘈杂吵闹,影响教堂上课,于是在 1920 年暑假,学校又沿着街边道路修建了一堵围墙,耗资 1 000 元。

尽管增添了临时校舍,格致公学的教室仍然不够使用,直到 1924 年,不同水平的学生仍不得不安排在同一教室上课。

五、正式校舍的兴建

考虑到格致书院与租地商签订的土地租用合同将于 1925 年到期,1924 年 6 月,教育委员会在工部局董事会上建议:在 1925 年 7 月 5 日工部局取得格致书院全部地皮使用权后,将效仿聂中丞公学,建造一所最多能容纳 400 名学生的新校舍。1924 年 8 月,希廉校长就新校舍的建筑要求拟订了一份详细建议书,呈交工部局,主要内容是:

（一）教室数量与大小

希廉校长认为根据英国教育体系确定局立华童公学的办校规模为400名学生，不符合上海租界实际情况。华童公学、育才公学、聂中丞公学的教室现已供不应求，不得不将教师宿舍、办公室、大礼堂等其他地方改作教室就是明证。按照一个年级开设一个班计算，九个年级就有九个班，一年两次招生，总共18个班级，因而18间教室是必备的。考虑最高的两个年级人数可能较少，各减一半教室，至少也需要16间教室。在18和16之间，希廉校长极力主张建造18间教室，理由是中心城区地价高昂，即使将来要求入校就读的人数激增，工部局也不可能像在其他城区一样，另建新校，长时间内，格致公学都是中心城区唯一的华童公学，选取最大值18是长远之计。教室大小不需要统一，16间教室，可分成三种规格，能容纳35名学生的大教室要建造6间，可容纳30名学生的中等教室也建造6间，能容纳20名学生的小教室只需建造4间，这样16间教室总共可容纳学生470名，每名学生一张课桌。另外建造两间大教室。整所学校大约可容纳480—500名学生。这一数字虽然比400名学生的设计方案花费要多，但可通过增收的100名学生的学费来平衡预算。

（二）实验室、讲课室和手工训练室

为履行1913年签订的中西分办书院合同第一条，工部局应当为格致公学提供“科学”和“技艺”教学的专门设施。将物理或者化学课的实验操作作为学校普通课程的一部分难度不大，关键是需要建造至少一间实验室和讲课室。而专门的“技艺”教授属于大学或技术学校承担的职能，超出了普通中学的教学范畴。鉴于合同中的要求，可尝试改为训练学生某种技能，如提供学生木工或铁工之类的手工训练，像聂中丞公学一样。由于目前课表已经排满，难以在必修课中另增科目，可以将手工课列为选修课安排在必修课结束之后。

（三）大会堂(即大礼堂)

大会堂的建造应满足大会堂的双重功能：集会之所和运动场地。为此大礼堂的设计应注意以下几点：(1)大礼堂与教室之间既要分开，又要有方便通道；(2)最好在底楼；(3)要有前室和凹进去的月台或舞台；(4)要有能放置椅子的储藏室；(5)要有电影专席(cinema box)。

四、艺术室 要有一间大房子作为艺术室，像聂中丞公学的艺术室一样。

五、教工用房 (1)校长室及与之毗连的大办公室；(2)外籍助教办公室；(3)英文部华籍教师办公室；(4)中文部华籍教师办公室；(5)盥洗室。

六、食堂和厨房 因绝大部分学生都回家吃午餐，食堂非必建之地。如果学校安装了中央供暖设备，则有必要建造一间内有壁炉的小室，必要时可作厨房用。

七、中央大厅 要有中央大厅作为图书馆和阅览室，以及服务于社会目的。

八、童子军活动室 要有一小间活动室供学校童子军使用。

九、储藏室 要有一个相当宽敞的房间，用来储藏桌椅、器具等，这是其他华童公学所缺乏的。

十、学生用的衣帽间和盥洗室(pupils' cloakrooms & lavatories) 要有几个学生用的衣帽间和盥洗室，大小可参照聂中丞公学。

十一、学生厕所(pupils' latrine) 学生厕所空间要大，聂中丞公学的厕所已经不够使用。

十二、操场棚(playground shed) 操场棚采用通常样式。

十三、校工用房 校工用房至少能容纳4个人。

十四、门房 位于通向操场的主门口。

十五、围墙 要建高高的砖墙，跟已经建的那段围墙一样。

希廉校长还额外附文，论述体育的重要性，建议教育委员会为格致公学提供体育设施。主要内容有：

在局立华童公学中体育特征不突出，究其原因主要有两个：一是课程表已经被挤满。这是全日制学校的共同现象，更何况局立华童公学还有双语学校的特征，承载着双倍课程的重担。二是学校缺乏充分的运动场地。更进一步，租界内也缺少供中国学生使用的活动场所。活动设施的缺乏表明体育还没有引起地方教育当局的重视。关于这一问题，普通教育委员会在1922年的调查报告中已经指出“委员会认为中国学生的体魄教育（即体育）没有受到足够重视，建议局立华童公学应当重视提供此类教学”。格致公学可以通过建造一座体育馆来为学生提供体育活动场地。受阴雨天气影响，春秋季节能在户外活动的时间只有很短一段，体育馆则可终年使用。

就此，希廉提出两种建筑方案以供选择：一、建造一座体育馆，与教学大楼毗连；二、大会堂的建造方案要使大会堂既能作体育馆又能作集会场所。第二种方案造价更低廉，希廉校长建议采纳第二种。

工部局对希廉校长的建议书进行了讨论，商议拟订了新校舍的建筑规划：地面拟建一幢三层楼的教学大楼、一座大礼堂和数间生活辅助用房。原先的临时校舍将被拆除用作体育活动场所，近6亩的运动场上将建造一个200米长的环形跑道，用来开展田径运动，跑道中间分建草地足球场、泥地网球场和水泥地篮球场。新校舍还须符合工部局“校内分类营业章程”所规定的卫生规则：校舍房屋要朝南以便充分吸纳空气和阳光；房屋结构要有最大的安全保证；室内空气容量，要以每名学生至少拥有二立方米空气为标准；教室面积，要保证每名学生至少有一平方米地面；全校各处均应涂刷石灰或油漆；教室采光要好，坐在光照最暗的座位的学生也能阅读30厘米处的文字;灯光应至少离地面 1.8 米;学校须配备足够的自来水龙头,并有卫生沸水或蒸馏水供饮用;还须准备充足的抽水马桶供师生使用;学校应备有与学生人数相称的休闲庭园,任何弄堂与人行道不得用作休息场所。

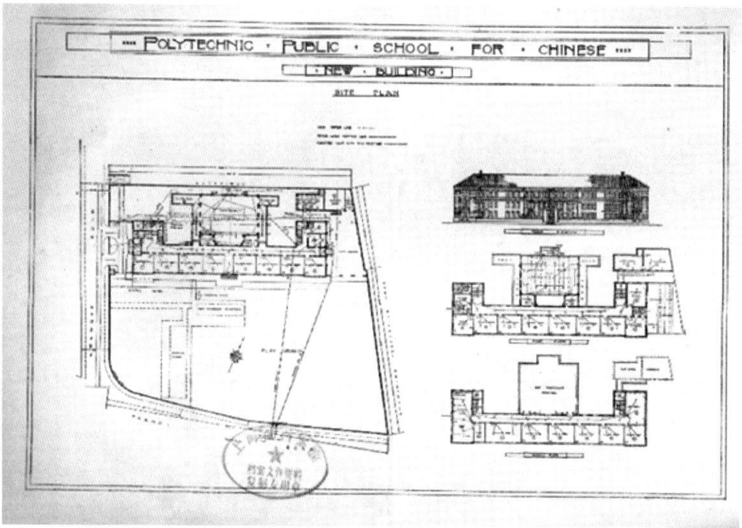

格致公学新校舍设计图纸

1925 年 10 月,工部局开始公开招标,有 21 个建筑单位投标,潘义泰营造厂以最低价 79 000 元中标。1926 年 1 月开始动工,当年春天基本框架搭成。继续施工时,应租界军方要求,工部局将新校舍的建筑图纸按照军队医院建筑要求予以调整。1927 年 7 月,工程竣工。当时租界内不少学校被租界军队占据,格致校舍则被租界英国军队用作临时医院,直至 1928 年 1 月返还格致公学。建造校舍实际花费 125 725.75 元。施工期间建筑工人还曾举行罢工要求增加工资,新增加的工资 9 221 元后来都由工部局支付。建成后的学校校址在北海路 162 号。

格致公学(效果图)

1927 年建成的格致公学新校舍外景

新建学校占地宽广,气势恢宏,设施先进。主要建筑是一座三层教学大楼、一座二层楼房和一座大礼堂,建筑总面积 1 800 平方米,都是钢筋混凝土结构。教学大楼有普通教室17间,物理实验室、化学实验室、手工室各1间,校长办公室及教务、事务、医务等办公用房7间,图书馆1间。学校建筑材料使用考究,所有钢窗都是进口产品,单人课桌台面都用进口的柚木。教室地面铺有地砖,各走廊过道铺的是硬橡胶,避免人走上去"格格"作响,影响室内上课。大礼堂、校长室、教务处的地板都用柚木拼成几何图形,甚为美观。校内不仅通水、通电,还装有暖气设备——水汀。学校运动场地开阔,陆续建成200米的环形跑道,跑道中间是草地足球场,旁边各有一处网球场和水泥地篮球场。大礼堂宽敞宏大,经改造可供集会演剧之用,下雨天搬开活动椅,可作室内体育场。

第十章

学制课程　本土转化

格致公学的学制、课程大致以1931年学务委员会提交给工部局的学务报告为界，分为两个阶段，前一阶段英式教育特征较浓，后一阶段向民国教育靠拢，进行了一系列改革。考试评价制度则以1935年为界，之前主要参加香港大学入学考试，之后参加工部局组织的毕业会考及上海市会考。

一、第一阶段

（一）英式学制与招生

格致公学初期和其他华童公学一样，承担着租界内华人儿童小学与中学教育的双重职能。学校设预科、正科，学制10年，预科1年，正科9年，10个年级从低到高分别为：预科、初级一年、初级二年、初级三年、高级一年、高级二年、高级三年、高级四年、高级五年、高级六年。预科、初级主要对初学者教授基础课程，高级则须达到香港大学地方考试的水准。学校刚建时只招收预科和初级学生，1918年始设高级一年级，以后随着新生的不断收录，老生的逐年升级，年级数滚动增加，到1929年达到预定年级数。学校初建时每个年级人数不多,一般一个年级只有一个班,有的高年级一个年级只有几个人,直到新校舍建成后才出现一个年级有甲乙两个班(英文分 A、B 两个班)的现象。

与其他工部局经办的华童公学一样,格致公学一年两次招生,分别于寒、暑假进行。这就造成同一学期里每个年级又分为上下两级,"上"表示第一学期,"下"表示第二学期,例如 1930 年格致公学就分为以下班级:预科、初级一年上、初级一年下、初级二年上甲、初级二年上乙、初级二年下甲、初级二年下乙、初级三年下、初级三年上甲、初级三年上乙、高级一年上、高级一年下、高级二年上、高级二年下、高级三四年、高级五六年、高级三年其余学生。各级学生人数不等,少则 12 人,多则 36 人,预科和高级二年以上的学生较少,其他年级相对多一些。每个年级每学期只要班额数未满,都可招收新生,老生也可在每学期结束时申请退学,转考其他学校或辍学回家。不管哪个年级,新生入学时都要参加考试,考试合格方可录取,有时即使考试合格,如果合格人数超过各年级之空额,也只能谢绝一部分。一般来说,格致公学入学考试对英语要求较高。当时中国家庭对子女应受教育的年龄看法不一致,因此造成同一年级的学生年龄差异很大,例如 1930 年,同是预科,年龄小的学生只有 7 岁,大的则 12 岁,相差 5 岁;初级一年中小的学生 8 岁,大的有 12 岁,相差 4 岁;高级三年中年龄小的学生 12 岁,大的 18 岁,相差 6 岁。这种年龄差异给学生的教育带来一定困难,经常违反校纪的大多是低年级中年龄较大的学生。

(二) 教学语言与课程

格致公学仿照其他华童公学,课程分为英文部与中文部,即采用双语制,每周内学生以大半星期学习用英文教授的课程,小半星期专门学习用中文教授的课程。在 20 世纪 20 年代,英文部课程在学校全部课程中占绝对优势。后因学生增加、课程扩充等因素，再将中英文科目授课时间严格规定不合时宜，学校就按照学生程度，予以调整。1930年，各年级使用的中文课本也有所不同，有的用文言文，有的用白话文，视其所教学科与各级学生程度而定，比较灵活。

格致公学最初的课程设置仿照华童公学，1918年增设了科学和地理等科目，全校所有"英文作文"与"科学"课程都由代理校长教授，数学课则由三位班主任教授。1919年又增设了基础化学，这样学校课程与校名更相匹配。由于外籍教师的短缺，代理校长侯兰德(A. F. T. Holland)①在上年的基础上又增加了"英文簿记"课的教授，三门课程的重担压得他无暇顾及学校的管理工作。鉴于格致的学生将来离校后大都进入商界工作，中文部主任屠元礼调整中文部的课程，在最高三个年级开设商业书信课，这样课程设置就更加符合学生未来发展的实际需要。由于英文部的课程都用英语教授，且使用英文原版教材，学校还于1921年重点加强了中、低年级的英文教学，扩充英文部课程，具体科目请看下页表。

在加强英文部课程的同时，为避免学生忽视中文课程，学校规定只有中文部、英文部课程的考试全都通过，学生才可以升级。1924年，学校英文部将基础科学改为物理、自然常识(nature study)，英文部的历史课有所削减，卫生课改用中文教授，并删去了北京方言。物理等科目因缺乏动手实验的设备，其教育价值大打折扣，教学效果也不尽人意。1925年中文部又恢复了北京方言。1926年英文部削去速记课，中文部将伦理学改为公民学，中国历史地理由一门课改为历史、中国地理两门课。1927年的课程则没有变动。

---

① 因华童公学校长康普于1918年10月27日回国休假，工部局安排希廉代理华童公学校长，1920年希廉任育才公学主管校长，1919年侯兰德代理格致公学校长，1920年米灵顿(F. C. Millington)代理格致公学校长，1921年3月返回育才公学。

格致公学部分年份课程开设列表

1921年	英文部课程	英文文法与作文、阅读、背诵、默写(听写)、翻译、算术、代数、几何、基础科学、历史、地理、绘画、卫生、簿记和速记
	中文部课程	阅读、作文与书信写作、古文选读、伦理学、北京方言、中国历史地理、商业知识、珠算
1922年	英文部课程	英文文法与作文、阅读、背诵、默写、翻译、算术、代数、几何、物理、自然常识、地理、绘画、簿记、速记
	中文部课程	阅读、作文与书信写作、古文选读、北京方言、中国历史地理、伦理学、商业知识、珠算
1923年	英文部课程	英文语法与作文、阅读、背诵、默写、翻译、算术、代数、几何、物理、自然常识、地理、簿记、速记
	中文部课程	阅读、作文与书信写作、古文选读、北京方言、中国历史地理、伦理学、卫生、商业知识、珠算
1924年	英文部课程	英文文法与作文、阅读、背诵、默写(听写)、翻译、算术、代数、几何、物理、自然常识、地理、簿记和速记
	中文部课程	阅读、作文与书信写作、古文选读、伦理学、中国历史和地理、商业知识、珠算、卫生
1925年	英文部课程	英文文法与作文、阅读、背诵、默写(听写)、翻译、算术、代数、几何、物理、自然常识、地理、簿记和速记
	中文部课程	阅读、文学(writing)、作文(essay)与书信写作、古文选读、伦理学、北京方言、中国历史和地理、商业知识、珠算、卫生
1926年	英文部课程	英文文法与作文、阅读、背诵、默写(听写)、翻译、算术、代数、几何、物理、自然常识、地理、簿记
	中文部课程	阅读、文学、作文与书信写作、古文、北京方言、历史、中国地理、公民学、商业知识、珠算、卫生
	英文部课程	英文文法与作文、阅读、背诵、默写(听写)、翻译、算术、代数、几何、物理、自然常识、地理、簿记
	中文部课程	阅读、文学、作文与书信写作、古文、北京方言、历史、中国地理、公民学、商业知识、珠算、卫生

1928 年,学校首次在高级三年级到高级六年级开设木工课程,授课时间安排在必修课结束之后,由汉森执教。考虑到手工课的教育价值,同时履行 1913 年格致书院与工部局的土地转让合同,学校准备以后将木工课列入学校必修课程。1928 年 11 月 19 日,中国教育委员会在上海召开教育会议,向上海租界工部局建议,科学和技术科目应被纳入格致公学的课程表。此建议得到工部局的赞同。1928 年 12 月 4 日,工部局发文给格致公学校长希廉:"如果贵校采纳委员会的建议,则提供一份修改后的 1929 年课程表或临时性的课程表,其中给予科学和技术科目在一天的课程中一个合适的课时份额。"1929 年,格致公学花巨资从英国聘请凯恩(Mr. P. J. Kane)先生任手工课教师,他来校后重新安排了手工课的内容,这为日后手工课的教学打下了坚实的基础。

裴来校长

1929 年 11 月 25 日,威廉校长调任工部局学务处任职,寇晓(L. Kershaw)升任代理校长。1930 年 1 月寇晓擢升聂云台公学校长,育才公学的裴来调任格致公学校长,此年格致公学招生首次满定额(1928 年夏季学期 278 名,1930 年 504 名),学费收入增加,办学经费较前宽裕。这年学校用重金聘请专任教师,添置仪器设备,正式将木工科及理科列入主要课程。各年级皆开设理科课程,初级三个年级教授普通自然科学,与图画课、作文课联合教授;高级六个年级教授热学、光学、声学及机械学等普通物理学,所选教材务求注重实用。木工课程延长至五年之久,学生每天可到专用教室动手实践。木工课上如要制造手工模型,须先画物品的图样,并将需用的材料数量制成预算表。1930 年学校在加强科学课程建设、重视英文课程的同时,并没有忽视中文课程。学校要求全体学生都要学习国语。汉英互译课程自高级二年起开设,共学习五年。学生升级与否大都须视其中文程度而定。

格致公学低年级的主任教师要教授所在班级的全部课程,一般一个班级配备两个主任教师,一个教授英文部各科课程,另一个教授中文部所有课程。有时主任教师缺乏,一个主任教师要教授两个及以上班级(因为通常一个年级只有一个班级,所以实际上是两个年级)的课程,教学任务很重。学校在高年级除设主任教师外,另外配备专任教师。如1926—1927年的专任教师就有:古文——屠元礼、北京方言——李宪章、商业课程——林醉仙、翻译——乐秀荣、几何与物理——寇晓(1930年升任聂中丞公学校长)、算术与代数——薛日登(又译沙寿登)。部分专任教师由主任教师兼任,乐秀荣、李宪章、林醉仙同时就是主任教师。1928年,由专任教师教授的课程增加。1930年,一些课程开始使用电影机辅助教学。

(三) 重大考试

根据工部局部署,局办华童公学的学生在修完高级课程后可报名参加香港大学入学考试,西童学校的学生可报名参加剑桥大学入学考试。香港大学入学考试分为高级(senior examinations)和初级(junior examinations)两种,修满八年课程参加初级考试,修满九年课程参加高级考试,初级考试在本地举行,高级考试要赴香港大学进行。考试合格者进入大学深造。香港大学经常派人考察各华童学校的办学情况。为鼓励学生参加香港大学入学考试,1917—1925年工部局实行优惠政策——考取者补贴考试报名费。尽管如此,20年代格致公学绝大部分学生未及修完全部课程就参加工作,有资格参加这类考试的学生可谓凤毛麟角,据1922年格致公学校长报告,在当年注册的 163 名学生中，只有 13 名学生在格致学习的时间超过四年。其他华童公学在校就读时间超过六年的也是比例极小，香港大学入学考试合格者更是微乎其微。

1923 年格致公学有 3 名学生成功通过了香港大学初级考试之后，返回学校准备于 1924 年参加高级考试。当时因临时校舍教室有限，学校建议他们转到其他局办华童公学就读，因为那里专门开设了香港大学入学考试班。可学生不愿冒险转学，学校最后允许他们占用教室的一个角落进行自学，遇到难解之处再向老师请教。后来褚崇贤同学顺利通过高级考试，这一消息给学校老师很大鼓舞，足以说明格致公学的教学质量是过硬的，为学生打下了坚实的基础。1928 年学校有 6 名学生参加香港大学初级考试，3 名同学通过，取得了相当不错的成绩。

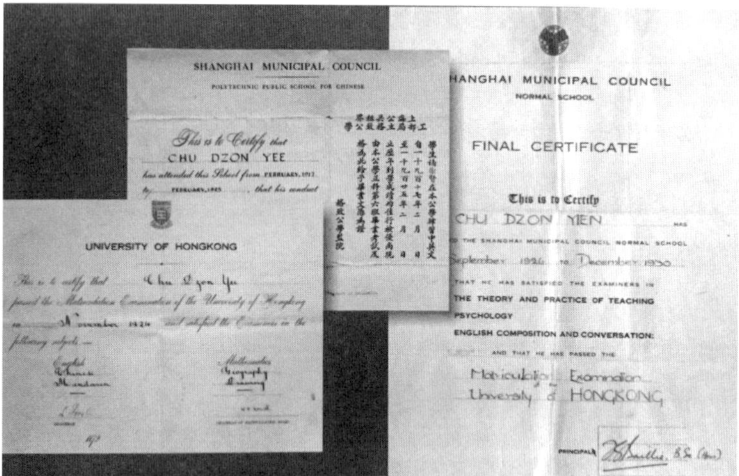

格致公学学生褚崇贤的毕业证书及直升香港大学的录取通知书(1925 年)

二、第二阶段

1930年前后,上海知识界发起收回上海租界"教育界权"的斗争,得到了上海各界的广泛支持。工部局审时度势,在教育管理机构和教育政策上做出相应调整。1930年,工部局设立了一个新的教育顾问机构——学务委员会,主要由教育专家组成,代替原来的普通教育委员会,负责管理工部局设立的学校,决定各校开设的课程,向工部局提交有关教育政策建议,落实经核准通过的教育政策。该委员会于1930年向工部局呈交了一份报告,1931年获得批准,该报告内容之一是建议工部局开办的四所华童公学,由目前兼施小学教育与中学教育改为纯粹的中学教育,以与中华民国政府颁布的中学制度相符。1933年5月,学务委员会又向工部局董事会呈递了一份详细的建议书,得到采纳:

一、各华童公学所授之基本科目,查与中国国定标准课程大约相同。所有主要异点为教学时所用之语言。兹拟请采用中国国定课程为标准,但仍得参照上海特殊情形之需要而酌加变通。

二、附属小学各级之学科应尽量以汉语教授,初中用汉语和英语各半,高中以英语进行教学的时间应约占2/3。

三、教授所用之汉语应为国语。

四、为使各华童公学成为更纯粹之中学起见,各该校所属之小学各级应逐渐裁减。俾将来学生在升入初中之前,只须经过一预备级。

五、各公学所收新生,应公开招考。

六、本局设立之四所华童公学,除基本科目应遵照普通标准外,格致公学应注重科学和其他专门科目,聂中丞公学应注重职业教育。

科学

七、教授科学所用之语言，应逐渐增用汉语。

八、四所华童公学均应增加设备，添置仪器，以为教授科学之用。

九、较低各级应教授普通理科，较高各级应以物理、化学为基本科目。

音乐及体育

十、在附属小学及初中各级均应以全集合唱为课程之一部分，并应鼓励全校合唱。

十一、各级之课程内均应有体育一科。

教科书

十二、各校所用教科书，均应先经学务处处长认可，并应尽量使归一致。

毕业会考

十三、各校学生修业完毕时，现系由各该校自行发给证书，此种办法，应即停止，并应依照标准课程，举行毕业会考。各校之高三年级生均应与考。此外并准许学生参加他处之相当考试。

十四、本局所设各校毕业证书之发给，应以特别考试委员会之报告为根据。该委员会以局内及局外人员组成。

根据这些报告和建议，格致公学从 1931 年开始陆续开展了一系列改革。

（一）向“六三三学制”靠拢，逐步裁撤小学低年级

当时上海特别市教育局实行的是 1922 年北洋政府教育部颁布的“六三三”学制，它以美国学制为样板，将初等和中等教育分为小学六年、初中三年、高中三年。1931 年 9 月格致公学更换各年级名称，以与上海市教育局所管辖的各校名称相符，这是向“六三三”学制变

更的首要步骤。不过，格致公学的小学教育不是从小学一年级开始，而是从小学三年级开始。1931 年格致公学设立的年级(班级)有：小学三年、小学四年上、小学四年下、小学五年上甲、小学五年上乙、小学五年下、小学六年上甲、小学六年上乙、小学六年下甲、小学六年下乙、初中一年上甲、初中一年上乙、初中一年其余学生、初中二年、初中三年、高中一年其余学生、高中二年。当时尚未有高中三年级，但下一年随着高二学生向上升一级，即走向完整。

1933 年，格致公学裁撤学校最低年级——小学三年级，即停止招收小学三年级新生，这是向"六三三"学制靠拢，将格致公学变为单一的中学办学机构的实质性步骤。为保证学校总人数平衡，1933 年学校扩大其他年级的新生招生数额，凡能略识英文者都予录取。以后小学各年级逐渐裁减。到 1936 年，仅存小学六年级两个班，作为初中学习的预科。

格致公学变更学制对于学生将来升学或就业大有裨益，正如 1937 年学校教师李世戡所写："迈进时期，本校以属工部局所设立，故一切制度，多与吾国教育部所颁行者不合，致学生出路，殊多窒碍。至是局方，变更方针，重订课程，更是班次，易预科、正科之名为小学、初中、高中。中文各种功课，务使与教育部所颁标准相符；一面请求备案(向市教育局)，以便学生得以参加上海市中等学校会考，取得报考国立、私立各大学之资格，于是毕业诸生，无虞出路之狭隘矣。"

(二) 课程改革既显格致特色，又向国定标准看齐

(1) 理工科逐渐建设成学校特色课程

与 1933 年工部局学务委员会提出"较低各级应教授普通理科，较高各级应以物理、化学为基本科目"的建议相比，格致公学已经先行一步，于 1930 年便已在各年级开设理科课程，并将木工科和理科列为主要课程，排入课表。1933 年又在部分年级添授化学及生物

学。至于“除基本科目应遵照普通标准外，格致公学应注重科学和其他专门科目”的建议与格致公学自身确定的课程发展方向不谋而合，并为此而不懈努力。首先，保证课时，聘请名师执教。物理学聘请理科学士张廷潮、化学与生物学聘请徐少年、木细工及图画则聘请史拜沫悉心讲授。这些理工科课程开设时都用英文教授，所用教材也是英文原版教材。学校课程改革后，初中各年级逐步改用中文教授，高中依然采用英文教学。其次，配合教学需要，逐年添设仪器。至1937年校庆时，实验设备已具规模。各种标本、模型以及热、声、光、电学仪器均皆配置，物理实验室能容纳四十余人，在老师指导下每个学生都能动手做实验。木工室内的器材则各式各样，亦能容纳四十多学生同时动手操作。生物、化学实验所需药品、器具则应有尽有。

总之，格致公学仪器设备之齐全，在当时国内同等学校中都属罕见。在师生的共同努力下，理工科逐渐成为学校特色课程。1933年11月，香港大学副校长洪尼尔爵士来校参观，对学校手工及科学实验工作表示特别兴趣。在此种校园氛围熏陶下，格致公学的学生也对理工科产生浓厚兴趣，还学以致用，想出了解决生活中某些现实问题的办法。下面就是周永昌同学的几个妙计：

周永昌

试一试 永昌

标准镜箱加装慢镜

朋友！你家里不是有标准镜箱或"Univex"镜箱吗？你现在觉得怎样？不是觉得他没有慢镜的装置不够应用吗？假使你果真有这种镜箱，果真觉得他不够应用，那么我倒有一个方法能使你满足。这个方法很简单，只要用一架钻钢铁用的摇钻，配上一双直径约三十二分之一寸的钻头，在镜箱前部，快门上面的正中，距前端约十分之一寸的地方，钻上一个小洞；再拿一支图画钉插入洞中，就可使镜箱的快门改为慢镜了。当图画钉拿去的时候，仍能复原为快镜，所以这个微小的洞，对镜箱是有益无损的。你不妨试一试。

陈旧显影液的利用

美杜（Metol $CH_3NHC_6H_4OH$ 之硫酸酯）、海特路奎奴（Hydroquinone $C_6H_4(OH)_2$ 或称对苯二酚显影液具有漂白的功用。它不似漂白粉（Bleaching powder $Ca<^{0C1}_{C10}$）那样的剧烈，有侵害皮肤和织物的流弊。但是用它褪色以后，必须用水漂洗纯净，不然日久仍能显出原来的颜色，所以它不适于充[褪色灵]的代用品。不过用它来洗手或退照相上的墨水迹是很好的。你如果有这种显影液，不妨用来试一试。

冬夜催眠新法

冬天的夜里，一钻进被窝，就觉得两脚冰冷。脚冷常使人不易入眠，所以有许多人就把两脚缩起来靠近身体，使它温暖。这样的结果，常是越缩越冷，闹得半夜不得安眠。要知道人体的热是内部新陈代谢作用产生的。并不是从外界得来的，而新陈代谢作用和血液循环有关。假使把脚缩起来，脚部的血管受压迫，血液循环就缓慢，所以新陈代谢？不，热的产量减少，脚就越缩越冷了。反过来说，要是把脚伸直，使血液流通，那倒不多一会就能温暖入睡了，假使你不信，可在冬天的夜里，鼓起你的勇气来试一试，包你成功满意。

周永昌还写了一篇文章，名为《化学奇妙……级旗速绘》，因篇幅较长，下面是截取的片断：

“诸位不是正在奇怪壁上为什么不挂一面级旗吗？真的，不挂级旗像什么样子呢？就让我来当场画一面挂上去吧。”说着，从台旁的椅子上拿了一张很大的淡红色的道林纸，向你们交代一过；然后用图画钉把它钉在壁上，翻身又拿了一支扑灭蚊蝇用的喷射器，向你们说：“大家画图总是用笔画的，但是我却用这个喷射器来画我们的彩色的级旗；并且能在三分钟内把它完全画好。请诸位仔细地看着。一！二！三！”他开始用右手抽动喷射器。毛毛雨一般的小水滴一阵阵的向着那张淡红色的纸上喷去。不久，淡红纸中部的颜色渐渐地起了变化了。变了，变了，变成蓝色，变成黄色了。果然，三分钟还没有到，我们的黄蓝相间的级旗已经很清澈地显示在淡红色的道林纸上了。你们到那时，情不自禁，或许会喝彩叫好的。同时这个青年向你们说了一声“献丑”，就回到后台去了。

(2) 扩充中文课程，部分课程改用中文讲授

20 世纪 30 年代，根据华人教育股主任陈鹤琴对工部局所办华童公学的建议，格致公学加强了中文教学，调整中文课程。1931 年先在几个班试行中文新课本。1932 年 9 月重新酌定中文课本，并将旧式课本一律改换新式，中文课程由新任华人副校长刘崇本主管。1933 年加大扩充中文课程，低年级各班扩充最多。往昔授课所用中文多为上海地方方言，根据学务委员会建议，也尽量改用国语。为引起学生对中文作文的重视，1935 年学校给每个年级作文写得好的同学颁发特别奖品。1936 年格致公学开设的中文课包括：论文、商业尺牍（即商业书信）、修辞学、读本、文学、常识及默写，分别安排在不同年级的课表之中。

1917 年格致公学初建时，每周用英语授课的科目所占课时比用中文授课的科目要多。1933 年在教学语言方面，学务委员会建议局

办华童公学"附属小学各级之学科应尽量以汉语教授,初中用汉语和英语各半,高中以英语进行教学的时间应约占 2/3","教授科学所用之语言,应逐渐增用汉语"。据此格致公学逐渐将一些课程改作中文教授。1935 年地理全改成中文教授,初中低年级的科学及数学亦改用中文。到 1936 年更进一步,初中各年级的数学及科学大都改用中文,讲解知识的时候更是如此。小学两个班的各门科目,除英文外,则均用中文讲授。1937 年初中一年级开始采用中文几何教本,该书成为以后几何学标准教本。下面是 1936 年格致公学开设的总体科目:

(甲)华文　　论文、商业尺牍(即商业书信)、修辞学、读本、文学、常识及默写

(乙)英文　　口述及笔写作文、读本、背诵、文法、文学及默写

(丙)数学　　珠算(初级)、算术、代数、几何及三角

(丁)社会科学　公民学、中国历史及地理、世界历史及地理

(戊)自然科学　理科(热、光、声、电、磁及机械)

(己)美术　　物体画及图案画

(庚)手工　　机械画及木工

(注:学校于 1933 年已经在各年级开设体育课和唱歌课,不知为何上表中未提及)

1940 年开设的科目有:

国文类:阅读、文学、修辞学、文法、作文、说话、写字、默书、应用文

英文类:阅读、作文、文法、文学、背诵、默书、写字

数学类:珠算、算学、代数、几何、三角、解析几何

自然科学类:自然、生物、物理、化学、

社会科学类:本国史、世界史、本国地理、世界地理、公民、卫生、

社会

工艺类：书册装订、木工、器械画、手工

美术类：自由画、写真画、图案画

(3) 尽量安排外籍教师教授英语，力求保持英语水平不下降

格致公学自建立之日起英语学习就占举足轻重地位，不仅入学考试要考英语，课时安排上英语课分量很重，而且很多其他科目的课程，无论是外籍教师还是华籍教师，授课都要用英语讲授，教材也要用英文原版教材。20世纪30年代，格致公学采取一些措施，尽量减少课程改革对学生英语学习的影响。1931年，学校公布英文各科课程纲要。1933年，安排所有英语课都由外籍老师教授，原来教英语的华籍教师大都聘以教授数学及科学，这些课程依然采用英文教学。1935年，两名外籍教师辞职，低年级英语课的一大半课程不得已安排华籍教师担任，不过每个班级仍安排一部分英语课由外籍教师教授。1936年，尽管初中年级的一些科目改用中文教学，但高中各年级课程仍坚持使用英文教授，唯讲述难解之处有必要用中文时才用中文讲解。1937年，抗日战争爆发，外籍教师人数减少，各项英文科目，如作文、文法及文学等仍尽量分配外籍教师讲授。1936年和1938年格致公学开设的英语课包括：口述及笔写作文、读本、背诵、文法、文学及默写。英文文学选用的教材多是世界名著和莎士比亚作品，如《卖火柴的小女孩》《阿里巴巴和四十大盗》《最后一课》《王子复仇记》等。教学方法也灵活多样，教师经常组织英文原著的朗读比赛、背诵比赛、演讲比赛、书法竞赛、英语征文等，激发学生学习兴趣。在师生的共同努力下，格致公学的学生在中学阶段打下了扎实过硬的英文功底，并受到社会各方面的好评，一致称赞格致公学毕业的学生读音准确、书写漂亮、文法规范、翻译流畅。

20世纪30年代毕业的史济湘同学说：“当时的格致是一所完全照搬英式教学的学校，英籍校长，除国文外其他科目，一律使用牛津

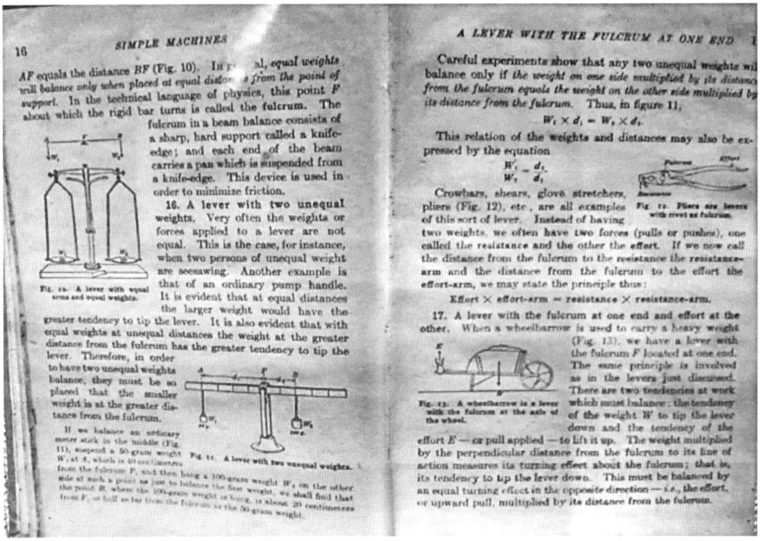

16　　SIMPLE MACHINES

AF equals the distance BF (Fig. 10). In g…al, *equal weights will balance only when placed at equal dist…s from the point of support.* In the technical language of physics, this point F about which the rigid bar turns is called the **fulcrum**. The fulcrum in a beam balance consists of a sharp, hard support called a knife-edge; and each end of the beam carries a pan which is suspended from a knife-edge. This device is used in order to minimize friction.

Fig. 10. A lever with equal arms and equal weights.

16. A lever with two unequal weights. Very often the weights or forces applied to a lever are not equal. This is the case, for instance, when two persons of unequal weight are seesawing. Another example is that of an ordinary pump handle. It is evident that at equal distances the larger weight would have the greater tendency to tip the lever. It is also evident that with equal weights at unequal distances the weight at the greater distance from the fulcrum has the greater tendency to tip the lever. Therefore, in order to have two unequal weights balance, they must be so placed that the smaller weight is at the greater distance from the fulcrum.

If we balance an ordinary meter stick in the middle (Fig. 11), suspend a 50-gram weight W_1 at A, which is 40 centimeters from the fulcrum F, and then hang a 100-gram weight W_2 on the other side at such a point as just to balance the first weight, we shall find that the point B, where the 100-gram weight is hung, is about 20 centimeters from F, or half as far from the fulcrum as the 50-gram weight.

Fig. 11. A lever with two unequal weights.

A LEVER WITH THE FULCRUM AT ONE END

Careful experiments show that any two unequal weights wil… balance only if *the weight on one side multiplied by its distance from the fulcrum equals the weight on the other side multiplied by its distance from the fulcrum.* Thus, in figure 11,

$$W_1 \times d_1 = W_2 \times d_2.$$

This relation of the weights and distances may also be expressed by the equation

$$\frac{W_1}{W_2} = \frac{d_2}{d_1}.$$

Crowbars, shears, glove stretchers, pliers (Fig. 12), etc., are all examples of this sort of lever. Instead of having two weights, we often have two forces (pulls or pushes), one called the **resistance** and the other the **effort**. If we now call the distance from the fulcrum to the resistance the **resistance-arm** and the distance from the fulcrum to the effort the **effort-arm**, we may state the principle thus:

Fig. 12. Pliers are levers with rivet as fulcrum.

Effort × effort-arm = resistance × resistance-arm.

17. A lever with the fulcrum at one end and effort at the other. When a wheelbarrow is used to carry a heavy weight (Fig. 13), we have a lever with the fulcrum F located at one end. The same principle is involved as in the levers just discussed. There are two tendencies at work which must balance: the tendency of the weight W to tip the lever down and the tendency of the effort E — or pull applied — to lift it up. The weight multiplied by the perpendicular distance from the fulcrum to its line of action measures its turning effect about the fulcrum; that is, its tendency to tip the lever down. This must be balanced by an equal turning effect in the opposite direction — *i.e.*, the effort, or upward pull, multiplied by its distance from the fulcrum.

Fig. 13. A wheelbarrow is a lever with the fulcrum at the axle of the wheel.

格致公学时期使用的牛津原版教材

英语原版的教科书。这些书要用外汇购买，所以十分昂贵。在这里显然听不到熟悉的中国语，但良好的英语环境给每个学生以(英语)熏陶。自己能说一口流利的英语，为以后的研究工作创造了十分有利的条件。”史济湘同学后来成为我国烧伤外科专家、上海市烧伤研究所所长、中国人民解放军海军军医大学教授。

最后，考试改革。

20 世纪 20 年代，工部局各所华童公学以通过香港大学入学考试为标准颁发毕业证书，这种办法于 1933 年终止。作为过渡，1934 年局立各所华童公学自行组织毕业考试，颁发毕业证书，同时鼓励学生参加上海市教育局组织的上海市中学会考。1934 年，学务委员会组织了一个分委会，研究局立五所华童公学举行毕业会考的办法，以便发给统一的毕业证书。该分委会在详加讨论之后提出了以下建议，得到学务委员会的通过。具体内容如下：

一、本局所设华童中学五所，应于1935年6月间择一公共地点，举行会考。其所出之题应为在现行课程范围之内，为各校之与考学生皆经研习者。其中并应有听凭选择或更替之考题。俾其范围足与各校之情形相适应。

二、某某数项学科请校外人员考试之问题，应俟上项考试举行后，确知课程已划一至何种程度，以及本局所设学校之学生，其参加上海市中学会考者究有若干，再行核议。

三、应鼓励学生参加上海市之中学会考。

根据上述建议，1935年6月在格致公学举行了局立五所华童公学第一次统一会考，全体考试人员由五校校长及各校所派代表组成。为示公正，各校所派代表名额均等。学务委员会认为这是一次按照世界各地毕业考试办法举行的一种校外考试。共有55名高三学生参加，最终获得毕业证书者40名，其中15名名列一等，他们的各科平均分都达到80分或80分以上。此次会考格致公学有两名学生参加，均获毕业证书，其中一名学生三科成绩获特等，总体成绩为一等，另一名学生一科成绩获特等，总体成绩列为二等。至1937年全面抗日战争爆发，格致公学学生会考总成绩大多位居前茅。此外，工部局还要求局办华童公学高三学生参加上海市中学会考，格致公学学生的成绩也是相当优异。唯抗日战争爆发后，因学校屡次动迁，成绩一度下降，但随着教学秩序的相对稳定，成绩又稳步上升。下面是1935—1937年局办五所华童公学毕业会考成绩情况列表。

1935年工部局所属华童公学学生参加工部局毕业会考与及格人数表

校别	华童公学	育才公学	聂中丞公学	格致公学	华人女子中学	总计
参加人数	15	15	7	2	16	55
及格人数	13	12	3	2	10	40

1936 年工部局所属华童公学两项中学会考成绩列表

校　别		华童公学	育才公学	聂中丞公学	格致公学	华人女子中学	共计
局设中学毕业会考	参加人数	22	16	13	12	19	82
	一等及格者	2	2	3	6	2	15
	二等及格者	13	7	4	3	7	34
	须补考者	5	5	6	2	7	25
	不及格者	2	2	0	1	3	8
上海市中学毕业会考	参加人数	25	16	13	12	19	85
	全部毕业者	20	14	10	10	15	69
	须补考者	5	2	3	2	4	16

1937 年 1 月工部局所属华童公学两项中学会考成绩列表

校　别		华童公学	育才公学	聂中丞公学	格致公学	华人女子中学	共计
局设中学毕业会考	参加人数	26	25	24	27		102
	及格之列入甲等者	5	8	10	8		31
	及格之列入乙等者	16	8	7	5		36
	须补考者	4	4	4	10		22
	不及格者		5	1	4		10
	未考者	1		2			3
上海市中学毕业会考	参加人数	29	19	19	11	21	99
	全部毕业者	21	14	7	11	21	74
	须补考者	8	5	12	—	—	25

学生会考成绩合格，由工部局统一发放毕业证书，考试成绩不合格的科目须在下一次会考时补考，补考及格方可毕业。下面照片是

一张 1942 年工部局发放的格致公学毕业证书。

SHANGHAI MUNICIPAL COUNCIL
上海工部局格致公學
POLYTECHNIC PUBLIC SCHOOL FOR CHINESE

畢業證書
學生俞其昌於民國二十五年九月入本校肄業操行端謹學業勤勉茲已遵章修畢高中課程成績及格准予畢業此證

校長
華人教育處長
教育處長

中華民國三十一年六月二十八日

格致公学 1942 年学生俞其昌
(著名电影演员于飞)的毕业证书

格致公学平时每学期考试一次,1938 年春季学期因有间断,除高中一年级外,均未举行大考。自 1933 年起,与课程改革相适应,增加了月考,实施效果不错。每学期结束,学校皆向家长发送学生的成绩报告单,报告单均用中英文两种文字,除登录各科成绩外,还写明班级人数、班级平均年龄、该生成绩在班级的排名。如果用百分数表示成绩,还标明该生各科成绩的平均成绩。至于学生的操行,报告单上都印有一句“该生品行甚佳,其有欠缺之点另行注册”,一般是写在评语栏内,不过评语栏经常空白,可能是学生品行大多没有明显的欠缺。成绩单上还登录一学期下来学生总的缺席、迟到次数。

格致公学学生毕业后,或考上大学继续深造,或进入社会寻找工作,失业的学生绝少。

以下几张照片便是格致公学时期由学校寄给学生的成绩报告单(复印件)。

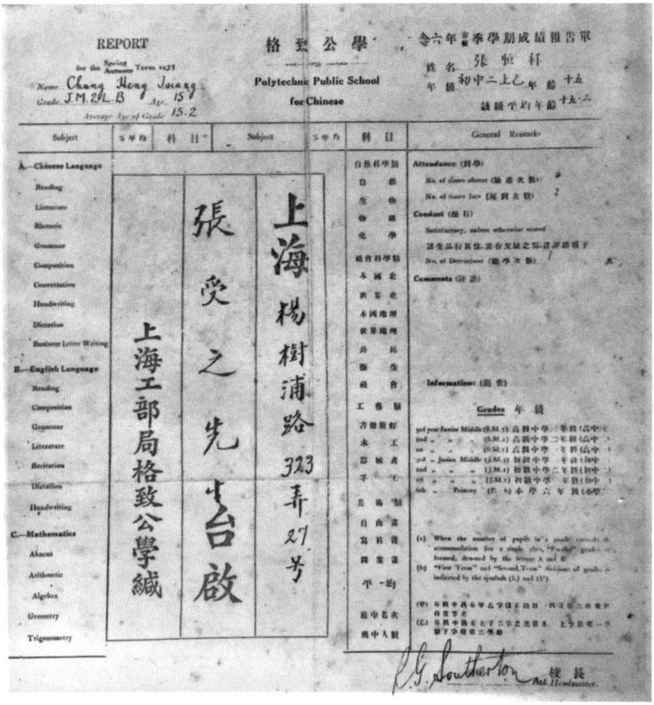
REPORT
for the Spring/Autumn Term 1937
Name Chang Heng Tsiang
Grade J.M.2L.B　Age 15
Average Age of Grade 15.2
格致公學
Polytechnic Public School for Chinese
念六年春季學期成績報告單
姓名　張恒祥
年級　初中二上乙　年齡　十五
該級平均年齡　十五.二
Subject
A.—Chinese Language
Reading
Literature
Rhetoric
Grammar
Composition
Conversation
Handwriting
Dictation
Business Letter Writing
B.—English Language
Reading
Composition
Grammar
Literature
Recitation
Dictation
Handwriting
C.—Mathematics
Abacus
Arithmetic
Algebra
Geometry
Trigonometry
上海楊樹浦路323弄27号
張受之先生台啟
上海工部局格致公學緘
General Remarks
Attendance
Conduct
Comments
Information
Grades 年級
R.G. Southerton　校長

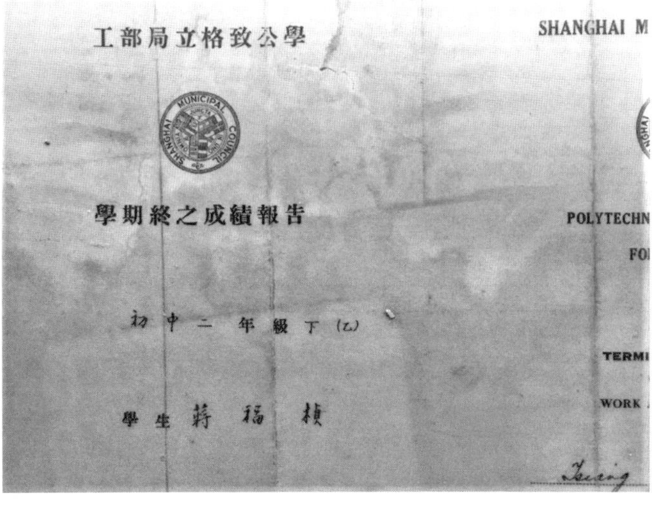
工部局立格致公學
SHANGHAI M
學期終之成績報告
POLYTECHN
FO
初中二年級下(乙)
TERM
學生蔣福楨
WORK

会考学生各科毕业成绩分数及操行体育等第表

科目 \ 成绩 \ 姓名	张绳祖	赵叔文	陈维梅	方康年	冯耀南	顾仲钧	郭俊法	李寿葆	马吉富	倪贵春	杨文豪
国文	70	67	76	75	68	83	80	72	80	74	70
算术	74	83	95	76	77	94	86	86	89	70	87
理化	73	76	70	71	61	89	72	75	72	72	74
史地	66	71	69	79	70	90	75	72	79.5	81	76
外国语	81	86	78	74	72	83	81	87	76	87	81
操行	甲	甲	甲	甲	甲	甲	甲	甲	甲	甲	甲
体育	甲	甲	甲	甲	甲	甲	甲	甲	甲	甲	甲
备注											

中华民国廿五年十二月廿九日格致公学校长裴来

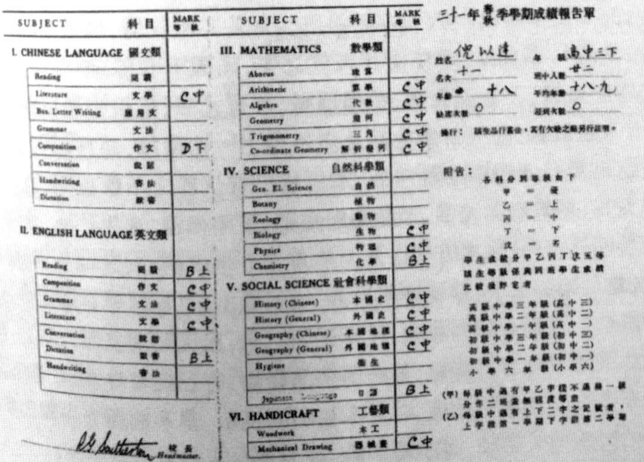

SUBJECT 科目	MARK 等級
I. CHINESE LANGUAGE 國文類	
Reading 誦讀	
Literature 文學	C中
Bus. Letter Writing 應用文	
Grammar 文法	
Composition 作文	D下
Conversation 說話	
Handwriting 書法	
Dictation 默書	
II. ENGLISH LANGUAGE 英文類	
Reading 誦讀	B上
Composition 作文	C中
Grammar 文法	C中
Literature 文學	C中
Conversation 說話	
Dictation 默書	B上
Handwriting 書法	

SUBJECT 科目	MARK 等級
III. MATHEMATICS 數學類	
Abacus 珠算	
Arithmetic 算學	C中
Algebra 代數	C中
Geometry 幾何	C中
Trigonometry 三角	C中
Co-ordinate Geometry 解析幾何	C中
IV. SCIENCE 自然科學類	
Gen. El. Science 自然	
Botany 植物	
Zoology 動物	
Biology 生物	C中
Physics 物理	C中
Chemistry 化學	B上
V. SOCIAL SCIENCE 社會科學類	
History (Chinese) 本國史	C中
History (General) 外國史	C中
Geography (Chinese) 本國地理	C中
Geography (General) 外國地理	C中
Hygiene 衛生	
Japanese Language 日語	B上
VI. HANDICRAFT 工藝類	
Woodwork 木工	
Mechanical Drawing 器械畫	C中

校長 Headmaster

三十一年春秋季學期成績報告單

姓名 倪以達　年級 高中三下

名次 十一　班中人數 廿二

年齡 十八　平均年齡 十八·九

缺席次數 0　遲到次數 0

附告：

各科分列等級如下

甲—優

乙—上

丙—中

丁—下

戊—劣

高級中學三年級（高中三）

高級中學二年級（高中二）

高級中學一年級（高中一）

初級中學三年級（初中三）

初級中學二年級（初中二）

初級中學一年級（初中一）

小學六年級（小學六）

学子成绩单

第十一章

四院竞争　全面发展

一、学生管理特色——分院制与级长制

1933 年刘崇本擢升为格致公学副校长后，对格致公学的学生管理大胆创新，除将全校学生按学业水平分为不同年级进行教育外，还根据其平时成绩及性格，分别归入光启、念孙、炎武、有光四院开展各项活动。这种划分可以为学生创设更合理的竞争与合作环境，弥补单纯的年级划分之不足。因为格致公学年级跨度大，包含小学六个年级、初中三个年级、高中三个年级；学生年龄差异大，从 7 岁到 18 岁各个年龄都有；程度参差不齐，每学期各个年级都有相当数量的新生加入、老生退学。在这种情况下，在年级之间开展竞赛活动，难以调动学生积极性，因为各年级悬殊太大；在年级内开展竞赛同样困难，因为当时格致公学年级虽多，但每个年级的班级数却很少，多者两个，少者仅一个。

刘崇本创设了分院制度，从入学开始，学校就将每班的学生分编成光启、念孙、炎武、有光四个院，每院学生数大约相等，作为班级的基层组织，这样小者可在各班级的同院学生之间展开评比，大者可将同一年级里的同院学生聚集在一起，开展年级范围内四院之间的学习、操行、文娱、体育等竞赛活动，最大者则是在学校范围内将同院学

生组织起来,在四院之间开展大型竞赛活动,还将各个年级每个院的学习、操行、体育等成绩加起来,综合平均得分最高的院为优胜。学校每学期都给予综合平均分最佳的院以嘉奖。学生分院以后一般不能更换,直至毕业。这种组织形式对于激发同学参加各种课外活动,尤其是体育竞赛,效果尤为显著(后面章节会详细介绍)。各院学生莫不通力合作,竞相进取,大家都为各院的荣誉尽心尽力。

格致公学规定学生必须统一着装,戴校帽、佩校徽、穿蓝色国货布衫校服。为示区别,各院学生在校帽上缀上不同颜色的珐琅质院徽,光启院为红色,炎武院为蓝色,念孙院为黄色,有光院为绿色,以此增强每位学生对所在院的认同感和荣辱感,激励各院同学团结协作,奋发向上。

光启、炎武、念孙、有光四院的命名也是寓意深远,他们都是苏沪一带明清时期造诣深厚的科学家和文士。如此命名,用意明显,即希望格致学生以他们为楷模,刻苦学习,精研学问,服务社会,他日事业有成,为上海增光,为国家添彩。

(一)"光启"院——科学系

徐光启

徐光启(1562—1633),字子先,上海徐家汇人。明代后期著名科学家。先后任礼部尚书、东阁大学士、文渊阁大学士。曾跟随西方传教士利玛窦、汤若望等学习欧洲的天文、历法、数学、测量、水利等先进科技知识,是我国最早向西方学习先进科技知识的学者之一。他的主要科技著作有:与利玛窦合作翻译的阿基米德的《几何原本》(前六卷)、与汤若望合作修订的《崇祯历书》以及个人专著《农政全书》。这部《农政全书》全面总结了17世纪以前我国的农学知识,其中一节“泰西水法”则介绍了西方的水利知识。为解决中国粮食紧张问题,他还积极推广美洲高产农作物番薯。

(二)“念孙”院——语言学及经学系

王念孙(1744—1832),字怀祖,号石臞,江苏高邮人。清代著名语言学家。幼承家学,10岁即能通读《十三经》。后又师从戴震一年,才学受到戴震高度赞许。32岁时中进士,历任翰林院庶吉士、工部主事、工部郎中、陕西道御史等,57岁时任永定河道,治水有方。66岁退休后专心治学,以著述终其一身。

王念孙

他一身笃好经术,著述丰富,主要有《广雅疏证》《校正广雅音》《广雅疏证补正》《读书杂志》等。其中《广雅疏证》是中国语言学发展史上的一部大作,顾名思义,即是对三国时张揖所撰的《广雅》作“疏证”(“疏证”,训诂学上的专用名词,即求证、疏通的意思),他搜集了汉魏以前的大量古训,以形、音、义互相推求,详加考证,以清理这部书在流传过程中出现的错误,同时借此阐发自己在语言学上的观点。《读书杂志》主要是校正文字,阐明古义,多有创见。《古韵谱》对古韵分部亦有新发现。

顾炎武

(三)“炎武”院——历史及地理系

顾炎武(1613—1682),字宁人,号亭林,江苏昆山人。明末秀才,清代朴学宗师。

他自幼受祖父影响，喜读《资治通鉴》《史记》《孙子兵法》等书。科举不中后，潜心治学。就在这时明朝灭亡，清军南下，顾炎武遂参加江南抗清义军。失败后，遍游天下，足历山东、河北、山西，研究地理和边防，多次拒绝清廷征召。晚年卜居陕西华阴，卒于山西曲沃。顾炎武博学多才，治学严谨，研究面广，政治经济、历史地理、典制掌故、天文仪象、音韵训诂等，无所不及。著有《亭林诗文集》《日知录》《天下郡国利病书》《音学五书》等。他主张经世致用，反对言之无物的拟古文学、应酬文学、浪漫文学，主张文学应为圣贤立言、明道、载道。晚年精研考证，提出“贵创”“博证”“致用”三种研究考证方法。“贵创”主张不蹈袭古人；“博证”主张引据参证，详其本末，而证一物、一事之实，绝无可疑；“致用”主张学问要及于当世之务，不为清谈浮泛之文。他提出的“天下兴亡，匹夫有责”激励着每一个炎黄子孙。

（四）“有光”院——文学系

归有光

归有光（1507—1571），字熙甫，江苏昆山人。明代散文家。9 岁能属文，嘉靖十九年（1540）乡试中举，八次会试均不及第，后迁居嘉定安亭江边，著书讲学，从者数百人，人称震川先生。60 岁才中进士，授湖州长兴令。因与上司不合，调河北顺德府通判，专管马政。后任南京太仆寺丞。在文学上，归有光反对明代出现的复古派“文必秦汉”的复古之风，以一穷乡老儒痛斥当时文坛王世贞之辈为“妄庸巨子”。他主张文从字顺，走唐宋韩愈欧阳修散文的平正通达之路，与王慎中、唐顺之、茅坤被称为“唐宋派”。所作散文朴素简洁，自然真挚，以神味见长。尤善于从家庭琐事和亲朋聚散的描述中寄予深情，使人身临其境，如见其人。《项脊轩志》《寒花葬志》《先妣事略》为其代表作，著有《震川先生集》。

格致公学学生管理的另一特点是级长制，四院的活动组织者大多是各级的级长。级长由高年级中学业、品行、体育均优异（即德智体全面发展）的学生担任。他们被分派到各年级（或班级）协助教师参与学生管理，组织升旗仪式和各项活动，是校长所倚重的对象之一。级长的校帽与众不同，作为级长的标识，他们的校帽顶部围有黄色布圈，由一公分宽的黄色布条缝制而成。1930 年离校的陆大公和 1942 年毕业的钱春海都曾担任级长。钱春海曾联名上书校长，建议将北海路校舍里的图书搬至临时校舍，恢复图书馆，被校方采纳。他还在三一秋级成立级会，组织同学建立兴趣小组，开展各项活动，诸如：参观工厂和展览会，组建读书会、班级足球队和乒乓球队，举办全校交谊会，创办壁报和毕业纪念刊，受到格致师生的广泛称道。

二、注重德育，多面培养

格致公学的教育旨在促进学生德、智、体、群（即现在所说的团队精神）全面发展，在德育方面主要注重以下几个方面。

（一）礼仪教育重在养成

格致公学受英式教育的影响，相当重视学生文明礼仪的养成。见面要问“好”，放学说“再见”，有问先讲“请”，答谢说“谢谢”，进楼就“脱帽”，公共场所说话要轻声，学生进办公室要先敲门，获准再进入，这些最基本的文明用语和行为规范，要求成为学生日常的习惯用语和动作。学生进校需统一着装，配校徽、戴校帽、穿校服——国货蓝布制成的长衫，提皮箱（注：当时的书包是小皮箱），学校在统一的服饰要求中向学生渗透礼仪教育、平等思想和国民教育。

格致公学学生校服

(二) 纪律教育重在实效

为保证良好校风,格致公学要求学生严格遵守校纪、校规(校规具体包含哪些内容,目前尚不清楚)。对于违反校规的学生,格致公学没有使用体罚这种当时普遍采用的方法,认为没有必要采取这种手段。对于轻微犯规行为的学生,格致公学均予记过,放学后让他留校示儆,并将其分数扣除。倘学生有较重大过失,即将该生遣送回家,等到学校与其父亲会谈后再定办法。若发生偷窃等其他严重违反校纪行为,学校也会开除学生,不过一般很少这样做。学校对学生每天的出勤、迟到情况都要统计,学期结束时不仅要登录在学生的成绩报告单和校长的年度工作报告中,还要将每个月全校学生的出勤百分比制成表格。针对寒假结束后,学生返校上课,时有迟到数日的不良现象,学校自 1933 年起采取措施,在招录新生时多招收几名,以填充几位返校过迟学生的名额,迟到老生则不再录用。这一办法实施后,收效颇大,返校迟到数天的现象得以终止。在格致教师的严格教育下,格致公学的学生多能遵守校规,保持良好校风,即使在战争环境下,与他校学生共处一地时,格致学生仍能恪守纪律,并未发生彼此冲突的事件。

1933年还发生了一件既体现格致学生极强的纪律观念,又能反映格致公学爱护学生的事件:9月18日,飓风侵袭上海,暴雨如注,格致校舍被一尺半高的积水包围。在这一恶劣天气下,格致全校531名学生竟有505人准时到校,可见格致学生的纪律性是经得起考验的。到了中午放学,如何让学生安全离校,成为摆在格致校长、老师面前的一大难题。学校老师也没有被困难吓倒,紧急雇用了茂泰洋行的搬场汽车,用一排围椅,由教室门连接至学校大门,用了近一个半小时终于将所有学生安排上车。这天下午学校停课。

(三) 思想教育重在渗透

格致公学的思想教育主要渗透于社会学的课程教学中,包括公民学、中国历史与地理、世界历史与地理。每天的升旗仪式也是对学生的一种思想教育。升旗时由校长分派级长到各班作领队,站在队伍前面,仪式结束由级长带队进各班教室,之后级长回自己教室上课。级长都由高三年级德智体都优异的学生担任,他们经常协助教师参与学生管理,组织各项活动。格致公学不允许学生参加政治运动,一旦发现则严厉处分。

格致公学每年6月都要召开颁奖大会,请学务委员会委员或其他社会名流发表讲话并颁奖,奖励优秀学生。如1933年就由工部局董事会主席贝尔、学务委员会委员袁履登发给奖品。1936年由工部局学务委员会委员欧元怀博士发表演说,颁发奖品及毕业证书。1937年由暨南大学教务长吴泽霖博士作短篇演讲并颁发奖品。有时颁奖大会还给在格致公学服务多年光荣退休的老教师颁发奖品。

颁奖大会另请嘉宾和家长参加。格致公学的奖励类型有：

1. 入学奖学金，赠给每年入学考试成绩优异者，获奖者可免一年全额或半额学费。

2. 学业奖学金，每学期奖给各科成绩优良者，获奖者可免费肄业。

3. "希廉华童奖"，由希廉校长升任工部局学务处处长后设立，奖给每年国文成绩最优秀的学生。

4. 体育运动奖，奖给秋季运动会上体育成绩最佳者。

三、体育运动，组织有方

学校初建时期，受场地限制，学校体育活动主要是篮球、排球和童子军游戏。班级间的足球赛、篮球赛要在离学校1英里外的中国体育场举行。学校运动会也常常借场地举行，诸多不便。在这一情况下，尽管希廉校长本人对体育运动非常重视，在新校舍建成前，格致公学的体育并没有与其他学科同步发展，格致学生对体育活动的兴趣也不甚浓厚。1930年学校基础建设逐渐完成，各类体育设施配置齐全，裴来也于同年1月接任校长职位，他上任后采取各种措施大兴体育之风。首先，由学校运动主任史拜沫组织成立足球竞赛会，在各年级之间开展足球比赛。此活动一开展，同学们就兴奋异常，运动员摩拳擦掌，啦啦队热情高涨。其次，聘请李云飞为临时体育教员，保证每级每周都有一节体育课，并配备哑铃、竿杖等体育用具。再次，改造大礼堂，使其平时作为集会、讲演之所，下雨天，搬去折叠椅，即成为体育馆，可开展篮球或排球运动。最后，举行第一次常年学校运动会。这是格致学子的体育盛会，尽管天气寒冷，会场上运动员与观众们依然兴致勃勃，斗志昂扬。在学校的大力推动下，同学们对体育运动的态度由淡漠转为喜爱，1942届毕业生在他们填写最喜爱的体育项目中，填乒乓6人，足球4人，游泳3人，网球、羽毛球、篮球、排球、爬山、体操、踢毽子、散步各 1 人，只有 1 人填不喜爱运动。

由于学校积极组织，措施得当，1930 年以后学校各项体育运动开展得红红火火，“生气蓬勃，如春花之怒放”（选自《格致公学廿周年纪念特刊》）。

（一）各类足球赛

1930 年开始的各年级之间的级际足球比赛按时举行，各级教员轮流担任裁判。刘崇本任副校长后，全校学生分别划入四院，级际足球比赛相应改为四院之间的院际比赛，同学们兴趣大增，每到周二、周四，学校都热闹非凡，运动场上球员各显神通，运动场外啦啦队喊声震天。除校内级际（院际）足球比赛外，学校还组织了高级足球队和初级足球队，代表学校参加校际间的足球联赛。由于有了场地可以进行训练，平时校内比赛又多，除 1932 年上海发生“一·二八”事变，高级队球员未按时归校，影响比赛外，格致球队多能与他校一争高低，与建校初的窘相迥然不同。1933 年学校队还与老校友组成的同学会队举行常年比赛，以体育运动的形式面对面传承格致之精神。20 世纪 40 年代，学校光启院足球队的主力罗寿福离开格致公学后成为一名职业球员，多次参加国际比赛，被香港报刊誉为“小李惠堂”和“神射手”，成为 20 世纪四五十年代中国足坛名将。

（二）各级运动会

自 1930 年开办第一次常年学校运动会之后，几乎每年 10 月或 11 月都举行一次常年学校运动会，邀请嘉宾和学生家长到场，赛后还请嘉宾给获胜者颁奖。1931 年请的是学务委员会委员莱士利夫人，1932 年请的是康普夫人。1932 年运动会到场参观的家长也很多。此外每年 5 月，学校都选派运动员参加校际联合运动会，一展格致学子的体育雄风，短跑冠军徐肇荣被同学冠以“飞毛腿”称号。

格致公学高三(上)足球队(摄于1941)

(三) 其他运动项目

学校其他运动项目也深受同学喜爱,高年级学生常在篮球场打篮球,在运动场打排球,低年级的学生则爱玩手球。后来学校还购置了乒乓器材,在各年级之间组织乒乓球夺标赛,各级同学都踊跃参加,其兴致不亚于足球比赛。篮球队的成绩,也斐然可观。

1942届毕业生编辑的《格致公学三一秋级毕业纪念刊》中的一段描述展现了格致公学体育活动的热火场面:

是年(1941年)校中有足球锦标比赛之举,我级竟以二比一击败众望所归之“强盗班”(高三上)。赛后,该级心有未甘,要求重赛,我级以胜负已定,据理力争,重赛之议,遂作罢论。惜乎!士气过骄,于对高二下决赛时,竟将锦标轻易断送于最后三分钟内。高二下,校内复增乒乓夺标赛,我级代表队于初赛即遭淘汰。而足球队鉴于上学期骄傲之果,相互勉励,遂斩关直上,夺得冠军。"强盗班"毕业后复要求作友谊比赛,一雪前耻,意气洋洋,期在必胜。我级益相勉励,战成平手,使诸"强盗"悻悻垂头而返。

格致公学时期的毕业纪念刊

四、课外活动,类型多样

格致公学平时每天上正课五个半小时(非常时期上课四个小时),留有充裕的时间让学生开展各种课外活动,推动学生德、智、体、群齐头并进。格致公学的课外活动一般分为四类:

第一类:体育运动类。上文已有详细描述,不再赘述。

第二类:文学、读书类。格致公学比较重视学生的中文学习,各级学生都开设中文课,1930 年学生升级与否大都须视其中文程度而定,1931 年新添各种图画增强学生口述作文的兴趣,1935 年学校还给中文作文最优秀的学生颁发奖品,图书馆几乎每年都要新购一批图书供学生借阅,这些措施有利于提高学生对文学的兴趣,也打下了扎实的文学功底。课外活动则为爱好文学的人搭建了展示才华的舞台。1935 年学校光启、炎武、念孙、有光四院各自出版院刊,展示各院的特色与风采。此外,学生还自行组织会社,相互切磋,先后编印《草风》《曙光》《鸡声》《课余》《涓滴》《毅艺》等月刊。上海学协的共产党员和进步青年则利用课余时间,组织青年参加读书会,推荐进步的、革命的书刊给同学,提高同学的文学素养,增进相互间的友谊,考察发展党员。

第三类:参观考察类。为让学生更多接触社会,弥补书本教育的不足,格致公学经常组织学生外出参观考察。1919 年学校组织参观上海煤气有限公司的工厂、红月棉纺厂(The Hongyue Cotton Spinning Mill)、上海船坞与工程有限公司的造船厂、徐家汇天文台、商报社、上海自来水厂。1931 年 10 月 1 日,五位教员率领 350 名学生赴贝当路参观道路展览会。1933 年 11 月间学校设法以特廉价格,组织学生 260 名观看海京伯马戏。此外学校还组织参观了《申报》馆、味精厂等。战争年代学生还自行组织级会(如三一秋级会),参观华铝钢精展览会、沙利文糖果厂。这些参观考察对于学生走出象牙塔,了解现实社会大有裨益。

外出考察的格致公学学生

第四类：艺术活动类。格致公学注意对学生进行艺术熏陶，有时组织学生赴校外参加音乐会，有时请名人来校演奏音乐。1920 年学校成立了笛鼓乐队，乐秀荣任指挥，1921 年有学生 37 名，到 1925 年发展到约 60 人，1926 年进一步增加到 65 人。每到召开运动会等大型活动时，军乐队都要一显身手。自学生分成四院后，学校就以院为单位轮流开展艺术表演。1942 届学生还组建了口琴队，常常登台献演。

格致公学口琴队

学生乐队的小提琴手

这些课外活动大大丰富了学生的课余生活，拓展了学生的视野，更增长了学生的才干，成为校园生活不可或缺的一部分。

五、卫生保健，健全机制

公共租界工部局按现代学校的卫生标准经办所属各类学校，不仅学校硬件设施严格按卫生规则配备，还对学校日常的保洁工作做出明确规定：校舍及其周围应保持清洁，地面应每日擦拭多次，并在学生进校前清除垃圾；男女教师应经常注意全体学生的清洁。各校校长每年的工作汇报中都要介绍学校的卫生情况、师生的健康状况和各种防疫措施。有鉴于此，格致公学相当重视学校的卫生工作，并逐步形成一套行之有效的预防、限制传染病传播的工作机制。

（一）开设课程，指导在先

学校将卫生课列入课表，由专职教师或校医授课，向学生讲解普通的个人卫生、公共卫生常识，以及红眼病、霍乱、皮肤病、伤风感冒等疾病的预防方法。为提高指导效果，学校还利用电影、幻灯片等媒体加强宣传，帮助学生了解卫生知识，养成良好的卫生习惯。

（二）打针种痘，预防为主

学校每年于夏季学期即将结束的 6 月给学校学生、教员及校役注射霍乱疫苗，预防霍乱，在冬季学期的 10 月或 11 月接种牛痘，预防天花。打针、种痘事先都须征得家长、教职员本人同意，方由工部局医师在学校大礼堂进行，并非所有师生都强制参加。唯 1936 年 5 月校内发现一例因接触而染上天花症的病人后，为预防天花症在校内传播，全校师生一律种痘，并于 11 月间复种痘一次。

（三）日察“红眼”，避免流行

虽有预防，20 世纪 30 年代学校学生仍有多人感染红眼病，为缩小传播范围，学校建立每日检查制度。每天第一节课，由教员在教室内察看一次，若发现可能患有红眼病的学生，立即报告校长，并叫班长通知校医，由校医确诊后予以隔离，然后护送学生回家或通知家长接学生回家治疗，治愈后方可复课。由于措施得力，虽曾反弹，红眼病的流行最终得到控制，患者大为减少。

（四）检测视力，劝配眼镜

学校重视学生的视力保护，除利用卫生课向学生介绍视力保护方法外，还规定所有学生均于入学时由校医张余二检测视力，以后根据需要按时复检,1933年还让教员逐日察看。倘被检测为近视眼,即由校医缮写报告通知学生父母,规劝家长给学生配戴眼镜。开始时,很多家长不明眼镜的功用,不愿接受眼镜,以后随着风气日开,家长态度逐渐转变,阻力相应减少。1924年有20.7%的学生患近视,1925年增加到24.2%。

(五) 个人卫生、体格检查,常抓不懈

学校规定学生每天进校门时,由校医或教务处老师察看学生的衣着、头发是否整洁。学生入学时,须提交体检报告,由校医为每位学生建立体格检查卡,以后定期进行体检,数据登录入卡。

(六) 意外伤害,校医先救

学校规定校医要及时诊治普通的常见病、多发病,能应急处理体育课的伤害事故,必要时开设临时诊所,对多发病进行诊治。1933年运动场上发生多起意外事故,受伤学生经校医施以应急救护后,即送回家治疗。1942年夏季学期时,曾在校内设一诊所,诊治本校及附近华童小学的学生,收效甚佳。

(七) 每日打扫,保持整洁

为做到教学大楼地清、窗明、桌净,无痰迹、纸屑,保持校园环境整洁,学校走廊每天上午下午都有校工拖洗,教室内组织学生每天打扫。

由于建立了上述机制,学校卫生保健工作开展得相当出色,除有几年红眼病患者较多外,在校长的年度工作汇报中,卫生一项基本都是“大致甚佳”“颇为良好”“状况甚佳”等。

第十二章

抗战烽火　坚持办学

一、日寇入侵，时局动荡

20 世纪上半叶，中国社会动荡，战争频繁。格致公学虽有租界庇护，也非世外桃源，依然饱尝战争对教育的摧残。30 年代，日本侵略者两次攻打上海，对格致公学教学秩序的冲击最为严重，尤其是第二次危害最大，导致格致公学颠沛流离，寄居在外。然而日本人的侵略并没有击垮中国人的斗志，在恶劣的战争环境中，格致公学并没有关门了事，而是想尽办法，坚持办学，为祖国培育新一代人才。

1932 年 1 月 28 日，日军进攻上海，挑起“一・二八”事变，企图四个小时占领上海。不料遭到中国十九路军的顽强抵抗，上海各界也踊跃捐赠，支援前线。战争持续到 3 月 3 日。事后中日代表签订《淞沪停战协定》，上海暂时恢复平静。“一・二八”事变爆发时，上海租界工部局所属学校的学生正在放寒假，原定 2 月 1 日开学，为安全起见，工部局下令所属学校延期到 2 月 29 日开学。格致公学不少学生随父母离沪避难，这一天没有按时返校。为弥补所缺课时，工部局又指令各校暑假相应向后推延，至 7 月 15 日开始，延长期内每日上午 8 点到中午 12 点上课。这一延长办法的教育价值难以显现，因为那时教室内酷暑难耐,温度高达华氏 90 度,师生皆苦不堪言。不过“一·二八”事变对格致公学正常教学冲击最大的不是推迟开学与放假,而是华童公学无处上课所引发的问题。

华童公学校舍位于赫司克而路(今中州路),战争一经开始,学校周围的交通就已断绝,师生即使想入校上课也势所不能。于是工部局安排华童公学借用格致公学的校舍开学,这对格致公学的招生带来一定影响,那个学期格致公学只有 382 名学生报名,上年同期则有 505 名。两校合用校舍,上午由格致公学使用,上课时间为 8 点到 12 点,下午由华童公学使用,上课时间为下午 1 点半到 4 点半。由于教学时间缩短,格致公学不得不将实用科学、木工及图画各课停止,以保证重要科目有充分课时。这种局面一直持续到 4 月 4 日,局势稳定,华童公学重返赫司克而路上课。

1937 年,日本制造“七七”事变,发动全面侵华战争。不久,日军又在上海挑起“八一三”事变,妄图三个月灭亡中国,派遣大批部队登陆上海,国民党也派张治中率部入沪,淞沪会战由此拉开。中国军队英勇奋战,粉碎了敌人三个月灭亡中国的计划,但终因实力悬殊,不得不撤出上海,11 月 12 日上海陷落。在以后的一年时间里,中国平汉线、粤汉线以东的广大地区相继失陷,上海租界暂时成为沦陷区内不受日军统辖的一座“孤岛”。1937 年 8 月战争爆发时,工部局所属学校的学生正在放假,东、北两区的学校靠近战区,面临毁于炮火的危险,苏州河以南的校舍或被军队占用,或改作应急医院,局设 16 所学校无一能在 9 月份准时开学。格致公学北海路校舍则于 8 月份被租界的万国商团进驻,充作军队营舍;10 月份被工部局卫生处改作华人隔离医院,这一改就长达八年半,于是格致公学饱经沧桑,流浪天涯,学校师生都亲身经历了这段非常时期里上海的无数风云变化。

二、校舍不断搬迁

1937年9月，工部局学务处就考虑寻觅临时房屋，以备开学，但足够宽敞可以使用的空屋为数极少。到10月底，或租或借，勉强觅到房屋，可供局设各校学生开设半日制课程。11月1日，各校开学，一处房屋往往由两所或两所以上学校共用，一律上课半天。格致公学则与华童公学共同借用四川路599号中国青年会部分校舍上课，每天上午9个班级上课，时间是8点到12点，下午4个班级上课，时间是1点到5点。格致公学全校学生原分17个班级，因教室有限及学生数骤减(6月人数522人，11月373人)，学校将程度相近的几个年级学生合并上课，班级数减为13个。临时校舍内教室大小不同，各班人数亦参差不齐，大的每间能容纳45名学生，由卧室改成的小教室，每间仅能容纳25名学生。1938年年初，上海租界人数激增，格致公学的学生数也增加到508名，格致公学、华童公学及中国青年会学校仍在同一房屋内授课，全校学生共分15个班，每班人数自25人至56人不等。

代理校长薛日登

后来工部局在戈登路(今江宁路)给华童公学找到新的校舍，华童公学遂于3月15日自中国青年会房屋及克能海路(今浙江北路和山西北路中间的康乐路)房屋迁出，其腾空的部分地方拨归格致公学使用。格致公学才得以恢复全日制课程，10个班在青年会房屋上课，5个班在克能海路上课。1938年秋季学期学生继续增加，达545名，学校恢复到17个班级，高中6个班级在克能海路校舍上课，其余 11 个班级在中国青年会房屋上课。因两处校舍相距甚远，且均与他校合用，不甚方便。1940 年 9 月，格致公学两部分皆迁到外滩 15 号原中央银行空房上课，全校学生得以重聚一堂，同年 11 月复迁至大西路(今延安西路)65 号英国兵营内。大西路兵营较为宽敞，还有足球场和排球场，学校重新组建了足球队与排球队，安装了两个煤气热水器，各项体育文娱活动恢复昔日生气。可是 1941 年 6 月 3 日的一场大火将大西路兵营内的 10 间木屋烧成灰烬。这次火灾是由毗连的竹屋燃起再蔓延到兵营内的木屋的，当时营内有一犹太籍的看门人打了电话给消防队，但火势太大，顷刻间 10 间木屋(其中的 57、58、59 号木屋用作格致公学教室)和屋内的 130 张课桌、3 张桌子、3 把椅子和图书室里的图书皆化为灰烬。1941 年 7 月，工部局招标将格致公学内的席棚进行改造。1942 年 9 月 24 日，裴来校长去世，薛日登(又译沙寿登)代理校长。

格致公学劫后余烬

三、课程削减，成绩下降

1937 年迁到四川路临时校舍时，因缺乏实验室和教学设备，所有手工操作、物理、化学、生物学课程中学生动手实验部分以及唱歌、体育等科目皆予停止。因半天上课，每天上课节数由原来的八节降为六节，其他部分科目课时数也被削减。到 1938 年 3 月恢复全日制课程后,实验科学与手工课因缺乏实验室与木工室,无法完全恢复,木工课只能改授用器画,物理、化学、生物只能教授理论知识。战争时期,格致公学的特色课程黯然无光。

战前格致公学的会考成绩一直名列前茅,战争爆发后,因校舍屡次搬迁,学生上学路途遥远,课时数削减,学生考试成绩一度下降,以1939年会考为例,格致公学参加工部局会考学生有27名,及格13名,须补考10名,不及格4名,为四校之末。但到1940年,格致师生奋发努力,成绩明显提升,参加工部局会考的14名学生中有13名及格,其中7名学生列为甲类。

四、学费增加,煤电限量

战时工部局教育支出急剧膨胀,为平衡预算,工部局决定于1940年春季开学起,各华童学校学费每人增加15%(原为48元),这导致部分贫困学生因缴不起学费而辍学。1942届的郭金源同学即因学费突增、校址离家太远而退学,同班同学、老师虽设法挽留,但他依然在无奈中结束了求学生涯。

战争期间,因上海煤炭供应减少,煤电公司要求限量供应煤电,超出限量的单位增收电费3倍以示惩戒,后来电费增至5倍。格致公学属于限量供应范围,这也给日常教学带来一定影响。

五、日寇侵华,爱国热情激荡

格致有着悠久的爱国传统,早在1919年五四运动时期,格致公学就有代表参加工部局华童公学学生联合会,商讨工部局所属四所华童公学的罢课方案,并于6月5日下午参加上海各校的罢课斗争,1919年6月,格致公学学生的出勤率只有68%。

日本侵华，一方面破坏了格致公学正常的教育教学秩序，另一方面则激发了格致学子的爱国热情。

(一) 麦新创作时代战歌——《大刀进行曲》

1933 年，日军进犯长城各隘口，宋哲元率领二十九军奋起抵抗，成立“大刀队”。在与日军短兵相接中，“大刀队”重创敌军，名声大振。1937 年 7 月 7 日，卢沟桥事变爆发，全国抗战开始，守卫卢沟桥的二十九军再显大刀神威，7 月 12 日《世界日报》以“二十九军大刀杀日贼”的大幅标题报道：“11 日，日军 200 余名进攻大王庙，被宋部大刀队迎头痛击……昨日（日军）围攻南苑，大刀队急向日军冲锋，相与肉搏，白刃下处，日军头颅落地，遂大获全胜……”二十九军大刀队英勇抗日的事迹，震撼了在上海参加抗日救亡运动的麦新，曾就读于格致公学的他激情澎湃，奋笔疾书，一气呵成写完歌词后，又谱写了慷

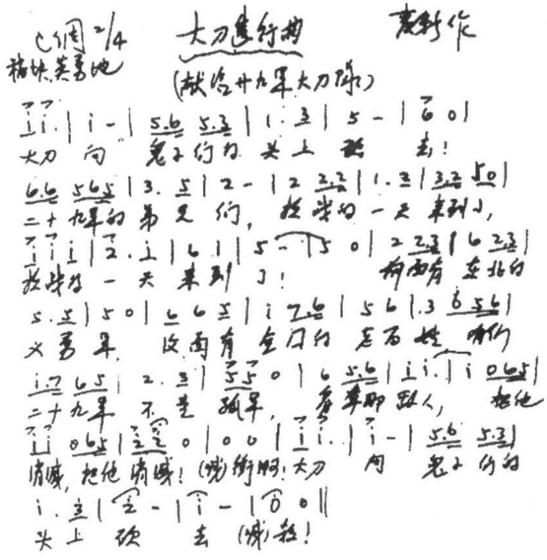

《大刀进行曲》麦新手稿

慨激昂的旋律，时代战歌《大刀进行曲》由此诞生。此歌以简洁、流畅的曲调，铿锵有力的节奏，口语化的语言，开门见山地喊出了中国人民对日本帝国主义的愤慨和对日血战到底精神的颂扬，激励了无数中华儿女保家卫国、热血奋战。

（二）悬挂中国国旗

1938 年左右，格致公学发生了“悬挂中国国旗”的政治行动。当时格致公学借四川路青年会三四楼教室上课。一天，在一间大教室内悬挂了一面中国国旗，学生奔走相告，全校师生为之震动。这是由初二学生毛乾丰干的，当时他只有十三四岁，这种敢作敢为的爱国精神，令人为之动容。然而学校当局惧怕得罪日本人，查知真相后，勒令毛乾丰退学，和他一起退学的还有沈寂同学，他曾和毛乾丰一起办过油印刊物《合群》。毛乾丰离开学校后就读于麦伦中学，不久就加入中国共产党，后又担任圣约翰大学党总支副书记。1949 年 5 月上海解放前夕，他亲自布置将毛泽东主席巨幅画像高挂在延安路西藏路交界处“大世界游乐场”（当时是该地区的最高建筑物）的大门上方。

（三）中共地下党支部建立

抗日战争开始后，中共地下党利用上海学生抗日救亡协会（简称“学协”）这个半公开的组织，到各校开展活动，其中派往格致公学的李琦涛就是以学协联络员的身份与格致学生取得联系的。因当时校方禁止学生参加任何抗日组织和活动，李琦涛与格致学生取得联系后，首先吸收一些学生在校外参加“学协”的活动，如开展“红五月”歌咏活动，教唱歌曲“五月的鲜花”；组织“中国往哪里去”等时事讨论会。然后发展进步的学生秘密入党，至 1939 年底，格致公学的党员有黄毓椿、吴庆德（即吴学谦）、程念梁、钟信超。他们组成了格致公学第一个中共地下党支部，吴庆德为第一任党支部书记，他还兼任上海学生救亡协会格致公学小组负责人。党支部成立后又于1940年先后发展了黄心镐（即杨子毅）、董关根、钱春海（即钱大卫）和张仁昌（即张征秉）同学入党，队伍不断壮大。从此，格致公学的学生运动在党组织领导下蓬勃开展起来。

党支部成立后，根据上级指示，主要开展两方面的活动。一方面是在"勤学、勤力、交朋友"方面，组织一些维护学生切身利益的福利性活动，例如卖书刊和练习本。当时格致公学英语、数学等学科采用的原版英文书都来自英国商人开的伊文思书店，连练习本也规定必须使用伊文思书店供应的厚纸封面的本子，价格很贵，这给贫困学生造成很重的负担。支部成员就把高年级学生用过的课本收集起来转让给低年级。另外，还印了许多练习本的纸张，按成本价卖给同学，大家只要把旧练习本的封面拆下来装在这些空白纸张上就能用了。这样大大节省了书簿费用，很受同学们欢迎。

另一方面，参加抗日宣传活动。如参加学协组织的慰问活动，慰问当时被困在原租界集中营胶州公园的"八百战士"（即淞沪会战中坚守四行仓库掩护大部队撤退的国民党抗日军队）；悼念被日本人买通杀手卑鄙暗害的谢晋元团长；为新四军江南抗日支队募捐等。与此同时，支部还创立读书会，组织同学传阅进步书刊，如毛泽东的《论持久战》，延安抗大编辑的《中国现代革命运动史》《抗日民族统一战线教程》，斯诺写的《西行漫记》，以及大量文艺书籍等，这些书籍对促进进步学生形成革命的世界观和人生观起到了巨大作用。

1940年，为声讨汪精卫的卖国投敌行为，党支部准备策划一起反汪罢课斗争，不幸被校方发觉，党员张仁昌被开除学籍，反汪罢课就此流产。1941年租界环境恶化，根据上级指示，校党支部调整策略，化整为零，将活动重点放在班内，开展"勤学、勤业、广交友"活动。

1942年,上海与延安中共中央直接联络的电台被日本特务机关破获,中央电令暂停联络。1943年,钟信超(1940年吴庆德毕业后,钟信超接任支部书记)等奉命转移到苏北根据地,学校地下斗争交由董关根、黄心镐同学负责。

第十三章

校友建会　汪伪接管

一、格致校友会

离校后的格致公学学生,为感念母校的培养之恩,增进校友之间的联系与友谊,在校方的支持下,组建了校友会。

格致公学最早的校友会是1925年由希廉校长组织成立的,据《格致公学校友理事会通讯录》记载,到1927年格致公学校友会有会员(理事)30人。后因20年代末学校变迁较多,校友会活动的开展受到影响,到1930年几乎停顿。1931年,裴来校长决心重振校友会,重新搜集新老离校学生的名单与住址,征求入会,健全组织。于1931年11月28日在学校大会堂举行成立大会,选出第二届校友会职员会成员:

会长——庄立钦

书记——褚崇贤

会计——陆春泉

征求干事——邓中杰、李玉书、姚元铨

体育干事——沈回春、吴守衡、郑式钦

第二届职员会任期一年,即1931年11月至1932年12月。

学校过去及现在的教职员均被推举为校友会名誉委员。第二届名誉会员有：

名誉会长：裴来

名誉副会长：希廉

名誉委员：康普、开晓（又译恺晓）、崔伦、劳勃、娄寿登（又译沙寿登、薛日登）、甘有为、屠光甫、李世戡、林德孚、俞云翔、陈显白、乐修庸、杨应奎、顾世璋、丁鹏洲、陈根华、何耀辉

名誉会员任期也是一年，从 1932 年 1 月至 1932 年 12 月。

按姓氏笔画编录校友会会员同学录，到 1932 年校友会会员发展为 85 人。

除成立各项组织外，1932 年校友会还制定了《格致公学校友会会章》，请李世戡作序，下文是节选：

诸君之来本校肄业，其时间容有久暂，而出处自属同源。固当洁身自爱，以显本校之美誉，不宜妄自菲薄，以辱本校之令闻。必如是，方得谓之不忘根本，而爱护母校也。抑有进者，吾人不常闻乎，无团结力也，一盘散沙也，久为世所诟病，是当力湔此失。于兹吾有望于诸君，藉此会以觇诸君对于母校果能爱护否？对于团结果能坚强否？则他日以爱护母校，而爱护国家，以团结同学，而团结全民。发轫之始，其在斯乎，是为序。

《格致公学校友会会章》内容如下：

第一章　定名　本会定名为格致公学校友会。

第二章　宗旨　本会以增进会员与母校之感情、校友间之友谊，及学问之进步与幸福为宗旨。

第三章　会员　凡在母校肄业满一年而现已离校，及现在最高一级之学生，均有入本会为会员之资格。惟为母校所开除学籍者不得入会。

凡会员中有破坏母校或本会之名誉或在外作不正当行为者即取消其会员资格。

第四章　入会手续　本会有印就之入会书，凡欲入会者，请向书记索取填写，连同照相交书记后即正式会员。

第五章　会费　会员每年须纳会费若干，但民国二十一年度，已由职员会议决，所有一切开支均由职员会维持，故会员毋须交纳会费。

凡会员中有自愿捐助本会者，无论多寡，皆所欢迎，本会如有特别需用，可向各会员募捐款项，另立收据，由会长或会计或书记签字为凭。

第六章　职员　本会职员之规定如下：

名誉会长一人，名誉副会长一人，名誉会员（须在工部局内服务五年以上之职员均得邀请为本会名誉会员），会长一人，副会长一人，会计一人，书记一人，会员部干事三人，体育部干事三人。

第七章　集会　本会每年开（全体大会）年会一次，常会一次，职员会至少每两个月开一次，讨论会务。会员如有提议，用书面通知书记，俟开职员会时，即提出讨论。倘有特别事故，可由会员十人以上提议召集特别会议，会员亦可一同讨论，惟至少须于开会前三日通知职员会。

第八章　会所　本会会所附设母校内，会员投函须写明“格致公学校友会书记收”。

第九章　修正　本会会章由职员会取决，得随时修正之。

校友会成立后，努力联系离校学生，发展会务，成为离校学生与母校联系的桥梁和维系学友间奋进共勉的纽带。学校通过校友会了解学生离校后的发展去向，学生也可通过校友会加强与学校、其他学友的联系，互助共勉。1933 年 12 月 16 日，在组织校友会队与学校队之间的足球常年比赛之后，校友会在中学青年会举行聚餐，大家济济一堂，共叙离校后的学校变化、个人发展、同窗近况等。到场的校友很多，1917—1932 年各年学生均有代表出席。1935 年 10 月校友会会长还为校运动会获奖者颁奖,并备特别奖盾一面。

1937 年 3 月,校友会组织了格致公学成立二十周年大型庆典活动。会长陆大公明确表示了开会庆祝的宗旨:"第一点:……母校成立至今,恰为二十周年,也是一个重大的关键点,我们为祝他的前程远大,所以开会庆祝,此其一也。第二点:校友们在母校肄业,平日受师长们循循善诱,离校后才能在社会上服务,虽然此后各个人的前程,还是要自己不断的努力,然饮水思源,不能不说是受母校之所赐;于今开会庆祝,正是表示我们不忘母校,以表感谢的热忱。此其二也。……"新老校友们为表达自己的爱校之情,纷纷登台献技,倾情献演,为庆典活动推出了一场隆重、丰富的大型游艺会。主要节目有:由惠令登乐队伴奏全体唱党歌、陆大公会长致开幕词、名誉会长裴来致校长训词、口琴二重奏、华光乐会演奏的国乐、独唱、舞蹈(当时称舞台舞表演)、滑稽表演、歌舞、平剧等。

为示庆祝,校友会还编辑出版了《工部局格致公学廿周纪念特刊》,由华人教育处处长陈鹤琴亲题刊名,其内容有:副校长刘崇本的《发刊词》《本校近年之改进》、校长裴来的《本校二十周年纪念词》、校友会会长陆大公的《今日开会庆祝的宗旨》,还有格致公学老师写的公学略史、学校最近的设施、近年学校的改进、会考成绩、自然科学设备状况、本国史地教学概述、论史地的重要性以及几篇纪念献词。这些文章从各个侧面反映了学校的发展进程,展示了格致师生对学校的爱护之情,下面是选摘的两篇短诗:

格致公学二十周纪念

林德孚

格致公学　令名长留
成立迄今　倏已念周
辛勤迈进　实学是求
既播甲种　自获丰收

而今而后　　永展鸿猷

格致公学二十周纪念

俞云翔

廿载全凭卓越才，深将桃李应时栽。

英豪迭见门墙出，负笈青年接踵来。

可惜的是抗日战争爆发后，校园几经搬迁，老校友联系困难，校友会的工作与组织受到破坏，活动逐渐中断。

二、租界消亡，汪伪政府接管格致公学

1940 年，在全国上下团结抗战、共赴国难之际，汪精卫卖国投敌，在日本的扶持下，在南京建立汪伪政府，日本人随后将租界以外的上海华界交其“管辖”。汪伪政府成立了上海特别市教育局管理华界内的教育。因当时汪伪政府未获得英美承认，租界内的军警经常与斯

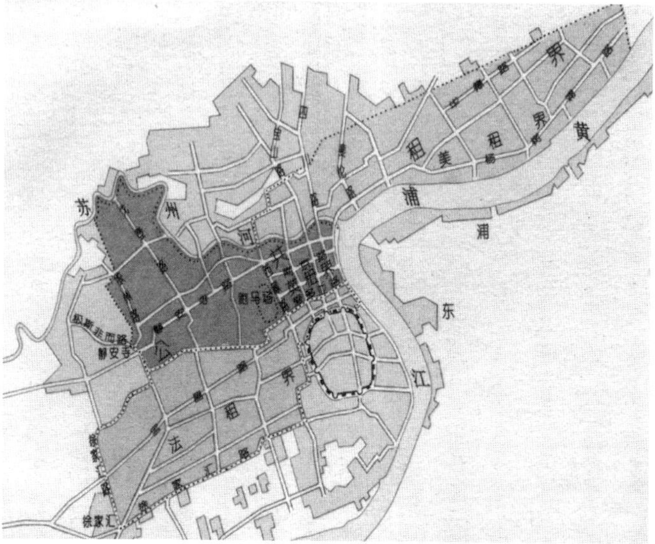

上海租界

菲尔路(今万航渡路)76号的日伪特工总部发生冲突。1941年12月7日,珍珠港事件爆发,8日,英美对日宣战,日军进占公共租界,接收英美资产,控制了工部局。1942年1月5日,工部局英、美、荷籍公董全部辞职。7日,日本人冈崎胜男就任工部局总董。后来随着战场形势的变化,日本打出"中日亲善"的幌子,提出"撤销治外法权""取消租界归还中国(指归还汪伪政府)"。在得悉英、美将于1943年1月11日与重庆国民政府签署废除治外法权的协议后,日本抢先一步于1月9日与汪伪政府签订《日汪关于交还租界及撤废治外法权之协定》。6月30日,汪伪政府与日本签订《中日关于实施收回上海公共租界之条款》及《附属谅解书项》;7月22日,汪伪政府与法国签订《上海法国专管租界交还实施细目条款》及《了解事项》。7月30日及8月1日,伪上海特别市政府先后"接收"法租界和公共租界。原公共租界区域改称上海特别市第一区,设区公署,陈公博兼任署长。

1943年,汪伪政府第一区公署教育处陆续接收了工部局经办的所有学校,大加"整顿",以消除英美对租界内华人实施的"奴化教育"影响,格致公学也在其列。经过"整顿",格致公学发生了一系列变化:

(1) 校长:1943年初代校长薛日登囚于西侨集中营后,日本人控制的工部局委任副校长胡祖荫代理校长职务。

(2) 校址:1943年2月2日,胡荫祖奉命将格致公学自大西路(今延安西路)65号迁往山海关路445号,与育才公学合用校舍上课。

(3) 课程与教师:格致公学将课程根据汪伪政府教育部部颁标准进行调整,削减了英文课时数,增加了日语课。调整后的课程有:国文、英文、日语、史地、数学、物理、化学、生物。除日语由日籍教师教授外,至1944年初所有课程均由华籍教师教授。重新审核认定教师等级,将教师从高到低分为五级,不同级别发给的薪金不等。

(4) 校名:1943年10月10日根据第一区公署教育处谕令,所有被接管学校一律改称"上海特别市市立学校",格致公学遂由"上海工

部局立格致公学”改名为“上海特别市市立格致中学”。

三、三年更换三位校长

胡祖荫

1943 年 8 月，代校长胡祖荫被任命为正校长。胡祖荫，浙江杭州人，早年毕业于光华大学，担任上海新闸路小学校长。后在我国著名的儿童教育家陈鹤琴帮助下，赴美国哥伦比亚大学和密歇根大学深造，获博士学位，曾受业于美国教育家杜威门下。1940 年学成归国到格致公学任英文课教师。1943 年初，代校长薛日登被囚，胡祖荫被任命为代校长，8 月转正。

1944 年 2 月，胡祖荫校长因不满日本当局的管制，联合前工部局所属四所公学——华童公学（今晋元中学）、育才公学（今育才中学）、辑椝中学（即聂中丞中学，今市东中学）及华童女子中学（今市一中学）的校长一起向伪教育处处长林炯庵提出辞呈。五校长联袂辞职在敌伪中教界造成很大反响。

1944 年 2 月，林炯庵提拔格致中学数学教师石法仁为校长，石法仁当时是二级教师，而第一区公署规定，二级教师不得直接升任校长，故改为代校长。1944 年 3 月，在石法仁代理校长期间，格致中学再次被接收，这次是由于第一区公署教育处遭裁撤，原公共租界内设立的各所学校归并伪上海特别市教育局统一管辖。1944 年 8 月，石法仁校长代理期满，升任正校长。此年上海各私立学校学费骤增，伪上海特别市教育局深恐这会影响贫苦学生学业，为了救济贫苦失学青年，谕令市立各中学尽量增加班级，容纳贫苦学生。可育才公学教室有限，石法仁与育才公学校长商议决定，将学校一间办公室改为教室,每校可增加一个班级。班级增加又导致教师不够分派,石法仁遂于 9 月申请添聘了两位教师。其中一位名为孙增庆,他的履历表上记有:清华大学毕业,美国俄亥俄州大学数学硕士,前北京大学讲师,东吴大学数学系主任,沪江大学教授,税务专门学校教授,震旦女子文理学校教授。当时格致中学有孙老师这样履历的人不止一个。

1944 年秋,格致中学高中有 6 个班,初中有 10 个班,国文教师不敷分配。石法仁本已商请擅长国文的日文教师朱维之兼任一个班的国文课,同时减少朱维之日文课的工作量,为此石法仁校长减少了全校日文课的课时数。当时伪教育部部订课程标准规定,高中日文课程为两节,而格致中学开设了四节,石法仁校长乃将高二、高三日文课由每周四节改为两节。可日本大使上野咨议得知此事后,告知石法仁校长日文课程不可减少,应依原订每周四节办理。这迫使石法仁不得不再次申请聘任国文教师。1944 年 8 月,日语教师阿片敏子为回家抚育孩子,函请辞职。这件事石法仁校长还得请示教育局长批准,并函请日本大使上野咨议物色他人,填补遗缺。

1945 年 1 月 31 日,石法仁校长辞职,伪教育局任命魏荔洲为校长。魏荔洲任校长期间面临严重经济困难。魏校长打算将校长、训育主任、教务主任及事务员等办公室并于一间办公,须将原有事务室略加修理、分栏,也无钱办理,不得不申请伪教育局拨款。甚至出现拖欠其他机构款项的事情。1945 年年初,伪教育局还重新审核认定了格致中学教师等级,将教师从高到低分为五级,不同级别的教师发给的薪金不等。1945 年 7 月,根据伪教育局统一部署,格致中学还举办了暑期补习班,遵照补习班规则第二条及第十条规定,格致中学向伪教育局呈报了补习班教职员工名单。

综上可见,在战乱动荡的岁月中,格致同样也是历经沧桑,艰难前行。

第十四章

校名再换　校址迁还

一、重庆国民政府接管,校名再换

1945 年 8 月,日本宣布投降不久,重庆国民政府即委派苏浙皖教育督导专员蒋复璁为接收大员,指导成立上海市教育局,接管汪伪政府上海特别市教育局及其下辖的各类学校。1945 年 10 月,周斐成被任命为格致中学校长,直接负责接管格致中学,与魏荔洲校长办理交接手续时还有原校长胡祖荫在场。此后周斐成一直担任格致中学的校长,直至 1949 年上海解放前夕离沪赴台。格致中学的全名则由"上海特别市市立格致中学"改为"上海市市立格致中学"。

二、周斐成担任校长,重组管理机构

周斐成,男,1905 年出生于江苏常熟,1927 年毕业于江苏省省立第二师范学校,后进入上海法政学院政治系学习,1929 年毕业后进入上海教育界。1932 年任教育局学校教育科科长。1937 年成为社会局首席督学。此时,周本人已是国民党党员,CC 系成员。1937 年 10 月起担任私立华东女中校长。另据《上海教育周刊》记载:在此期间,周斐成还担任新城区私立民国中学、泰山区湘姚中学、海宁区中华初级中学三所学校的董事长。在所查到的敌伪档案中,未发现周斐成有附敌行为,因此得到国民党政府的信任。抗战胜利后,周斐成即为国民党上海市党部执行委员和国大代表。

周斐成担任格致中学校长后,召集校务会议,重组学校管理机构,设立教务处、训育处(1947 年改名为训导处)、事务处、体育处。教务处负责编排课表、招生考试、教科用书、学籍管理等教学事务,由谢子梅任教务主任。训育处负责组织学生团体、课外活动、操行评定、学生奖惩、学生考勤、卫生保健、演讲竞赛等德育事务,由朱烈任训育主任。事务处负责校舍、用具的登记修缮、校舍清洁、教师膳食(国民政府实行生活必需品配给制后,还负责购买、发放米、油、盐、糖、煤等物品)等后勤事务,由张沅铭任事务主任。体育处负责学校体育与童子军事务,由张觉非任体育主任。另设三室:文牍室、会计室、图书室(后增设物理实验室,共 4 室),配文牍员 2 人、书记员 1 人、会计师 1 人(后增至 3 人)、图书管理员 1 人,从事各项专门事务。

三、优化师资队伍

周斐成任校长后解聘了一批敌伪时代的教师,对于那些学识渊博、经验丰富的教师,如:郑惠祥、顾世璋、张觉非、翁梓丞、陈耕华、徐志诚、诸崇明等尽量留用,另外还聘请了一些新的学历高、经验丰富的教师如朱烈、姜移山等充实师资队伍。经过这次比较大的调整以后,格致中学建立了一支学历层次高、业务能力强、深受学生喜爱的师资队伍。以后随着办学规模的扩大,又逐渐引进了一批新的教师。

总体而言,格致教师的学历都相当高,大多是大学或高等师范毕业,有的甚至出国留学荣获学位。如英语教师郑惠祥,拥有美国加州大学文学院学士学位、纽约大学文学院硕士学位,曾先后应聘清华、交大、复旦等高校的教授职务。徐志诚、谢子梅都曾留学美国。个别不具有师范专科学校以上学历的老师在教育部中等教育司的中学教师资格审查中不得不转任事务员。格致中学老师尽管教学任务相当繁重(根据 1946 年教育局规定,高中教师每人每周须授课 21 节,初中教师每人每周须授课 23 节,每节各 50 分钟。级任导师略减,高中为 19 节,初中为 21 节),依然潜心研究教材、教法。在 1948 年教育局人员撰写的视察格致中学报告中,对英语教师顾维吉和历史教师姚枝碧提出特别嘉奖。嘉奖评语是:“……注重文法及成语的应用……音义用法各方兼顾,颇饶循循善诱之致……”“……讲解纯熟、阐述明畅、语言生动、引人入胜……”数学老师卢棣选用的平面几何

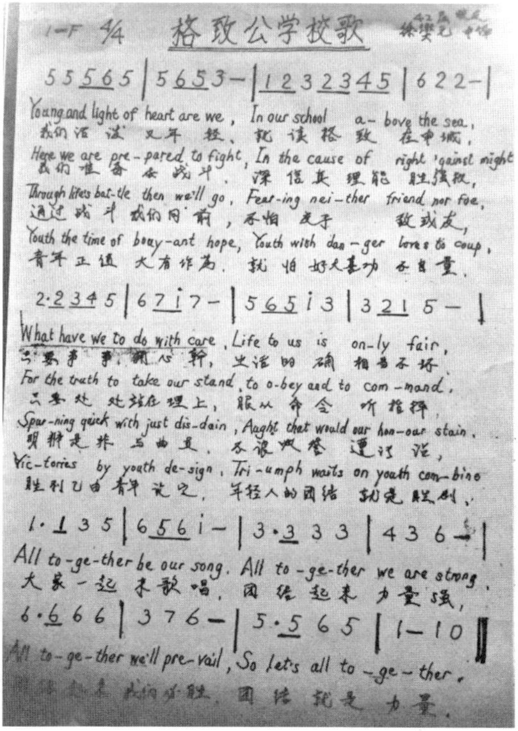

格致公学的校歌

与三角教材是英文版。物理老师唐志瞻用英语教学,还要求学生用英语做作业。化学老师王蔚华擅长化学实验,选用的化学教材作者是美国人,相当于大学一年级的课本。国文教师翁梓丞古文功底深厚,夏筠荪分析讲解课文有独到之处,许志行擅教现代文学。由著名报人严独鹤先生作词、格致音乐老师狄知白配曲的《格致校歌》则唱遍全校。

为加强教学研究,1945 年校务会议还决定成立各科教学研究会,设国文、英文、数学、理化及社会科学五科。由教务处分别召集开会,会议一般在学期开始、学期中间及学期结束时举行(有时只举行两次)。1948 年校务会上重新分科,分为语文科——英语、国文,自然科——数、理、化、博物,社会科——史地、公民,艺术科——劳作、美术、音乐,体育科——童子军、体育。每学期每科至少开会一次,由教务处轮流召集。

四、迁还北海路校舍

1945 年 10 月周斐成接管格致中学时,格致中学尚在育才公学校舍上课,每天上课半天,原北海路校舍被市立第一传染病医院占用。为恢复正常教学秩序,迁回北海路校舍上课,周斐成校长数次写信给教育局长、处长,陈述目前半天教学存在的困难及收回校舍的必要性。经过几番书信往来,卫生局长终于答应等找到合适的房屋即将市立第一传染病医院迁出。为敦促卫生局尽快办理此事,早日迁回原校舍,第一次校务会议还讨论决定:由校长继续进行接洽;由教职员及学生分别经常写信给各报馆,请予主持公道;由教职员及学生分别向市政当局写信,呈请维护教育事业,迅速饬令卫生局迁让。经过几个月的交涉,卫生局长俞松筠终于将第一传染病医院搬迁至天通庵路新址,建在格致中学操场上的 4 间草棚估价变卖,并对用作病房的49间房屋杀菌消毒。

1946年2月6日,格致师生在经历了八年半的流浪生涯后,终于回到北海路原址上课(后来格致中学对外通信地址改为广西北路66号)。为示庆贺,格致学生自动发起了"庆祝还校纪念",准备了各种文体节目,于1946年正式举办"还校纪念会检阅童子军暨春季运动会",社会各界人士广泛出席。不过欢庆之虞,又有繁重的校舍整修工作摆在格致师生面前。经过战乱变迁,格致校舍、设施和教学设备年久失修,损坏严重:操场坑坑洼洼;课桌椅损失殆尽,仅存五十余副;屋顶瓦片破碎,多处渗漏;墙壁四处剥落;卫生用具大多损毁;电线老化,灯头破损,时刻有走电的危险;玻璃破碎更是不计其数……但是格致师生没有在困难面前退缩,桌椅不够,从以前日本办的中学收集,破损的赶快修理;墙壁剥落则重新粉刷;电线老化,就嘱托电料行检查;屋顶漏水,先请工人修葺,以后再图翻新,操场、大礼堂暂且不用,并报请教育局,等等。经过多番努力,格致的办学设施逐渐恢复如前。

五、校内设施资源共享

格致中学各类设施修葺、配备完善后,不仅服务于格致师生的教育、教学活动,还为其他各种教育机构提供便利,做到资源共享。

教室:格致中学的教室除被借给私立建业义务职业补习学校、市立职业补习学校第五校、圣格雷英文学校三家单位在不同时段长期授课外,还时常借给某些单位短期使用,如上海市卫生局学校卫生工作队就于1948年8月16日至28日上午借格致两间教室举办卫生暑期讲习会,国立北洋大学曾于1948年8月7日至8日借学校教室举行招生考试。

化学实验室:20世纪40年代,上海不少中学理科实验设备缺乏，为弥补这一不足，市教育局成立科学实验所，下辖三个中心站，各中心站设有物理实验室、化学实验室，供各私立、公立高中学生做实验用。其中一个中心站即设在格致中学，利用格致中学的化学实验室为其他各校服务。此外，市立科学实验所还利用各中心站举行高二、高三年级的物理、化学实验考试。起初格致中学做实验也要向市立科学实验所申请缴费。

大礼堂：格致中学的大礼堂经常被借给各种机构举办讨论会、讲习班、竞赛及教学演示活动等。如上海市教育局曾多次借用大礼堂召开市立民校主任工作讨论会、上海市第二区国教研究会借大礼堂举行常识教学演示活动。

操场：格致中学的操场常被借给各类单位作为训练和体育活动场地。如上海市警察局义勇警察总队直属第一大队就于1948年每星期日上午7点到9点借用格致操场训练达一个月；上海市第十一届小学联合运动会筹备委员会曾于1947年11月借学校操场进行会操表演训练。民国中学、私立中正中学分别于周六下午、周日上午借用操场上体育课，而且列队出入学校，课后不得逗留格致。

格致中学除外借以上场地外，还于1949年4月遵奉教育局指令，让市立吴淞中学在校合并上课、市立陆行中学在校借设临时办事处、新本中学在校借地堆放办学用具。

总之，在动荡的局势下，学校教育面临着许多困难。与此同时，在教育局的指令下，格致的教学设施也在最大限度地发挥着作用。

第十五章

春一秋二　教学常规

一、春一秋二制招收新生

市立格致中学一年两次招考新生，由学校教务处组织招生委员会，安排老师命题、监考、评卷及口试，根据考试成绩招收初、高中新生，具体考试日期由学校决定，一般要举行两天。为做好试卷保密工作，格致中学除要求老师严守秘密、密封考卷外，还要求印刷试卷的份数绝对与考生数相等，不得多印。以致其他学校来函请求寄送格致中学的考卷时，文牍室职员在回信中一律表示没有多余试卷。格致中学同时也招收借读生、转学生，转学生要严查各种证件。

为使各年级班级数能够整齐划一，周斐成校长一进校即考虑初一、高一年级春季招收一个班级的新生、秋季招收两个班级的新生。该计划从 1946 年夏开始实施，循环滚动，至 1948 年，格致中学初、高中各开设 9 个班级，全校总共 18 个班级，每个年级三个班，一个春季班，两个秋季班，均为“春一秋二制”。秋季开设的两个班根据考生数学成绩编入甲班或乙班。实行这种编制后，教师任课与以前相比，相对固定。每个班级配一名级任导师(相当于班主任)，由训育主任经校长批准后任命，因国文课时数较多，国文课的老师与学生接触的机会相应较多,因而学校一般以国文教师担任级任导师。

二、免费生

市立格致中学有相当比例的免费生,免费学生分为全免和半免(有时还有部分免费)。学费全免的学生包括:(1)成绩较优的清寒子弟;(2)公教人员、军警、抗战蒙难子弟;(3)品学兼优的学生,抗战刚结束还包括退役复学青年。学费半免的学生包括:(1)优秀生;(2)成绩较差的清寒子弟。根据叔蘋奖学金管理处的要求,叔蘋奖学金获得者的学杂费可予折减。后来根据市政府的指令,新闻记者的子女也可享受学费全免的待遇。这些半免及全免学生的核定,均由级任导师开会商议,确定后的名单要公布于校长室布告栏内。

三、暑期补习学校

市立格致中学根据教育局部署,每年暑假开办暑期补习学校,由学校印发章程,补习国文、英文、数学、物理、化学等学科。任教老师由教务处征求校内老师意见后编排,报名学生既有本校学生也有外校学生,多时达上千人左右,而平时正常上课,格致学生也只有八百多人。学校将报名学生由低到高分为甲、乙、丙、丁、戊、己六个组别。暑期补习学校的教材由任课老师提供给教务处,由教务处汇总采用。为了加强管理,1948 年 7 月,学校还成立了暑期补习学校委员会,由 11 人组成,除校长、教务、训导、事务三主任和一名会计外,另推 6 名教师任委员,张觉非老师被指定为训导主任助理,马素达老师被指定为教务主任助理。

四、课程调整，必修选修

1946 年开始，周斐成校长将格致中学的课程按照教育部规定标准进行调整，改变过去各班所编课程偏重知识学科，忽视技术学科的做法，增设了音乐、图画、劳作及童子军训练等科目。1947 年学校课程开设情况如下：

初一：公民、国文、算术、英文、历史、地理、博物、体育、童子军、音乐、图画、劳作；

初二：公民、国文、数学、英文、历史、地理、化学、体育、童子军、音乐、图画、劳作；

高一：公民、国文、几何、三角、英文、历史、地理、生物、体育、音乐、图画、劳作；

高二：公民、国文、数学、英文、理化、历史、地理、体育、音乐。

1948 年 9 月，依照教育局新订课程标准，格致中学又将必修课目减少而增加选修课科目。1949 年初，格致中学三楼全部教室（物理、化学两实验室不在内）、二楼木工间、大礼堂均被军人占用，学校能用的校舍只有一二两层的 12 间教室。在这种情况下，教务处决定每三个班级使用两个教室轮流上课，每天下午增加两节课，同时暂停各年级公民课的教授。

五、教材作业

格致学生上课用的教材由任课老师于学期开始前开列书名、著作者及出版社处所，汇交教务处采用。学生教科书有时由学校代办，有时初中由学校代办，高中则由学生自备。1946 年春，因出版处所赶印不及，致使开学在即，学生教科书尚无法迅速配齐，校务会议讨论决定的补救办法是：(1)若同一年级学生教科书购备不齐，就把教科书并给一个班使用，另一个班改用程度相同的书籍；(2)无法配购的就改配其他同等程度的书籍。

起初，格致中学教师留给学生的作业相对其他学校较少，例如有的学校仅国文一科，不论初中、高中每周都有一篇作文，初中另有周记，高中另有读书笔记，此外还有大小楷隔日练习。但不久校长发现课外作业做得少影响学生成绩，包括就业等，于是就要求增加主要科目的作业，纪念刊物、壁报等都要有英文作品，并且要排演用英文对白的话剧。校长还时常亲自抽查国文等主要科目的作业。

六、考试制度

市立格致中学在 1948 年之前每学期都有一次学期考试、两次小考，采用混合座位编制；学期考试和小考时，全校一律停课。1948 年进行改革，各学科除原来的学期考试外，在第十周增加一次季考，国文、英语、数学、物理、化学各科另外举行两次小考。季考和学期大考时各年级均停课，停止采用混合考试办法，临时考试不停课，考试成绩皆报告家长。学期考试不及格的学生，要在下一学期的前两周进行补考，由原任科老师拟定试题、监考、阅卷。如果学期大考主要科目有两科以上不及格，该生就被取消补考资格，予以留级。

1948 年学校进行补考改革。因上学期准予补考的学生各科合计共约 200 人，为节省经费、时间及简化手续起见，采用变通办法，凡补考人数较多的科目举行笔试外，其他一概由教师面试，确定考生及格与否，补考及格的学生最多只能给予 60 分。此年教育部又规定每名学生补考学科可有两次补考机会，凡第一次补考不及格的学生仍可随班升级以待第二次补考，但若第二次补考仍不及格时，教育部未明文规定处理办法。教务处对于如何决定这类学生的升留级，实感为难，提交校务会议讨论，最终决定：开学第一次补考后两星期内，由原任课教师给第一次补考不及格学生布置相当量的作业，限期缴卷，考核成绩及格者准予升级，否则仍令留级。这一改革使得不少应予留级的学生得以升级，影响教学质量，以致以后教务会议又重申严格执行升留级制度。

对于考试作弊的学生，学校分情节轻重来处理，情节较轻的给予记过处分，情节严重者由训导处提交校务会议公决，一般结果都是开除学籍，勒令退学。

市立格致中学初三、高三学生的毕业考，由本校教师命题、监考、评卷，一般在学期考试前两周举行。对于历年成绩都较差的学生，学校可以具报主管官署，不准其参加毕业考试。1947 年这样的学生高三有一名，初三有六名。无论初、高中，毕业考试有两科及两科以上不及格者皆不予毕业。一门学科不及格准予补考，补考一般在毕业考后一周举行，补考及格者准予毕业。毕业生的考试成绩及毕业证书都由教务处填写，呈送教育局验证。所有初、高中毕业生都要参加市立中学的联合毕业典礼，每年举办的地点不尽相同，联合毕业典礼上有时有名人演讲及中学音乐会的演出。

七、在自然科学成绩展览会上，格致中学载誉而归

上海市教育局为提高中学生研究科学的兴趣，推动教师重视科学教学，于 1948 年 7 月举办了一场规模宏大的上海市中等学校自然科学成绩展览会，展出公、私立中学算学、物理、化学、生物、博物（包括植物、动物、矿物）、生理及自然地理等七个学科的学生作品和教师作品。学生作品包括：自制实验器械、自制标本、自制模型、自制图表、实验报告、各科笔记、照片及其他物品。教师作品包括：创作实验器械、著作、自编教材、自制教具及其他物品。为组织好这次自然

科学成绩展览会，上海市教育局成立了会务委员会主持这项活动，会务委员会由局长亲自挂帅，担任会长，中等教育处处长任会务主任，内分登记、布置、保管、招待、文书、事务、会计、出纳等八组，每组设主任一人，干事若干人，由教育局里的职员和所属中学的教职员担任。教育局还聘请了科学教育专家成立评判委员会，对各校送展的作品进行审定，对成绩优异的团体、个人分别颁发奖状、奖章。展览地点选择在两所学校，其中之一就是市立格致中学。

周斐成校长对自然科学成绩展览会相当重视，在校务会议上进行了广泛动员，希望格致中学送展的作品能展现学校的水平，能与“格致”校名相符合。暑假前夕还就如何布置展厅在校务会议上进行了讨论。经过师生几个月的共同努力，格致中学送展的作品异常丰富，仅生物一门学科就有215个品种。评审结果更加令人振奋，格致中学获得团体超等奖状两张、优等奖状两张、甲等奖状一张，个人奖章六枚。其中六枚奖章的获得者列表如下：

获奖人职务	教师	学生	学生	学生	学生	学生
获奖人姓名	王蔚华	徐铭瑜等	金仲楣等	杨世骧等	孙广仁	田鹤群
所属学科	化学	数学	物理	物理	化学	化学
获奖作品	元素周期表	九点图	反射幻灯	无线电控制飞机	元素周期表	元素周期表

各校送展作品的评审结果还被刊登在报纸上，其标题是《自然科学成绩展格致等获超等奖》。

这个自然科学成绩展览会，格致中学可谓是载誉而归，声名远扬。

第十六章

学生自治　德体庆典

一、学生自治组织

市立格致中学最主要的学生自治组织是各个年(班)级的级会与学生自治会,每学期改选一次,在学期开始的第一周由训育处组织成立。各级级会设正、副级长各一人,另设总务、学术、纠察、卫生、体育、康乐六股,每股设股长一人、级代表一人,自治会候选人二人,共计十一人。除初一年级新生可由级任导师指定外,其他各年级级会皆由选举产生。级会产生后,再推选产生学生自治会。学校的各种活动皆由级会和学生自治会组织进行。

二、操行评定

格致中学对于学生的管理十分严格,学生的操行等第分为甲、乙、丙、丁四种,主要由级任导师评定,任课老师也可评点。1946 年下半年操行优良列入甲等者总共 13 人,品学兼优者只有 2 人:一个为高三年级的王立宪,由教育局给予奖品;另一个为初二年级的曹达成,由学校发给奖状。对于那些品行恶劣、操行等第为丁的学生,一般由训育处提交校务会议公决。1947 年上半年这样的学生有 12 人,校务会议讨论的结果是：两名学生留校察看，一个由级任导师负责监护，另一个由体育主任张觉非负责监护；其他 10 名学生均勒令退学。

1948 年上半年操行成绩列入丁等者有 10 名学生，校务会议讨论的结果是：初一年级的 8 名犯规情节较轻的学生，俟考察平时学习成绩后决定处罚办法；初三年级的两名情节较重的学生，停学一学期。1948 年下半年操行不及格的学生有 18 人，校务会议讨论结果是：高一年级的 17 人分别函约学生家长，来校商谈后，予以严重警告，留校察看；初三年级的 1 名学生由家长来校申请退学。

三、学生证与出缺勤

1947 年，为确定学生身份，方便门卫管理和对学生的教育，训导处给全校学生每人编发了一张学生证，反面印有学生行为临时记录表，无论课内、课外，只要发现学生有不守规则之处，老师便可随时随地在学生证上填记，然后由学生到训导处自请惩戒。

格致中学对学生的考勤抓得很严，1946 年校务会议议决，缺席学生按月通知一次家长，并由训导处在学期末统计总数，在学期总成绩内扣除分数。1947 年上半年实施门禁制度，除星期日外，每天早晨 7 点到中午 11 点 45 分，下午 1 点 30 分到 3 点 20 分，校门锁闭，学生不得随便出入。门禁制度实施后，学生迟到的现象大为减少。1947 年下半年开始改用“缺席报告单”，每节课缺席迟到的学生，由级长负责记录于报告单上，于上课后 10 分钟内送呈任课老师签字，并按日送缴训导处进行统计。

四、课外活动

市立格致中学的课外活动比较丰富多彩，类型多样，主要分为以下几种。

(一) 竞赛类

有的是学校自己组织的竞赛,如:1946 年 9 月为提高学生学习兴趣,格致中学校务会议讨论决定举行国文、英文、书法三科竞赛,详细办法由教务、训育主任两处会商拟定。1947 年举办初中英语演说竞赛;1948 年举办数学竞赛、消防竞赛、英语演说竞赛。有的是学校派员参加其他机构组织的各类竞赛,如 1946 年上半年参加教育局与三民主义青年团合办的演说竞赛,格致中学名列第三。1947 年 4 月训育处挑选学生参加由上海市各界纪念革命先烈暨第四届青年筹备会举办的青年论文竞赛,竞赛题目是:(1)中国青年与世界和平;(2)新青年与新中国;(3)革命与青年。1947 年选派学生参加上海市中等学校协进会理事会主办的时事常识测验,等等。

(二) 参观考察类

1947 年,学校为促进学生科学研究兴趣,组织学生参观佘山天文台。1947 年 4 月,为增强学生学习劳作美术兴趣,原计划组织学生前往上海市救济院难民难童收容所参观工厂、设备,后因救济院尚在施工,改去上海监狱参观。1948 年为加强交流,提高学习兴趣,组织学生分赴苏州中学、苏州省立中学、杭州海潮中学参观学习。

(三) 艺术体育类

1947 年,上海市教育局举办中等学校学生音乐演奏会,格致中学选送了四个节目:八人口琴合奏,演奏曲名是《欢乐颂》;口琴二重奏,演奏曲名是《司令官》;八人口琴合奏,演奏曲名是《梅花三弄》;独唱曲目是《梅花三弄》。1948 年为提倡雕塑美术起见组织学生参观中国雕塑展览会。1948 年 9 月选派学生观看全国著名国术家在体育馆举行的国术表演。其他体育类详见下文。

（四）聆听演讲、报告类

1947 年 4 月 9 日，英国领事馆新闻处在兰心大戏院举办英国电影教育片献映及教育局长顾毓琇赴英国考察教育报告。格致中学前往参加者多达 660 人。1949 年 1 月 25 日，震旦大学举行第三次学术演讲会，格致亦派员参加。

（五）节日纪念类

1946 年 3 月 29 日青年节至 4 月 4 日儿童节举行科学运动，旁听《科学与国防演讲》；1947 年国庆日举办扩大科学化运动，1947 年孔子诞辰日暨教师节（阴历八月二十七日）发起尊师运动，1947 年体育节组织纪念活动，1947 年双十节参观辛亥革命文献展览会，1949 年新年参加上海防痨协会组织的新年防痨章义卖活动。

（六）政治活动类

1948 年 10 月，学校为响应政府的厉行勤俭建国运动，征派学生参加化妆大游行。1948 年，学校又派学生 200 名参与清查上海市户口行动，以便核发国民身份证，推行日用品全面配给制度。

五、体育与童子军活动

体育是市立格致中学的强项，在重大比赛中，格致运动健儿屡创佳绩，载誉而归。1945 年 11 月 6 日，上海特别市体育会举办庆祝抗战胜利体育表演赛，格致中学成绩优良，获得大会颁发的奖状。1947 年 11 月 12 日，上海市第五届运动会在虹口公园举行，格致中学一举夺得高中组团体冠军。其中，周元雄同学获 400 米跑冠军，杨庭坚获标枪冠军。1948年5月5日,“第七届全国运动会”在上海江湾体育场举行,格致中学有5名同学被上海市预选会选中,代表上海市运动队参加第七届全运会。其中周元雄同学参加400米赛跑,陈允泰、孙光一、孙光二同学参加游泳比赛,黄曾修同学参加拳击比赛。他们在全运会上都取得了良好成绩。除这五位运动员外,学校还派出了240名同学参加全运会开幕式的6 000学生大会操表演,体育主任张觉非被全运会预选会任命为大会操表演主席委员。除田径比赛外,格致中学足球队曾在第六届“九旬杯”足球联赛中击败历届冠军徐汇中学队,勇夺桂冠。在随后的“月笙杯”足球联赛中又获冠军。

格致中学在体育方面能创造如此佳绩,与平时学校对于体育的重视和张觉非等体育老师的辛勤指导是分不开的。当时教育局规定凡体育成绩不及格的学生须留级,毕业班的学生体育不及格不得毕业,这一度使得格致中学的体育老师左右为难,若严格执行教育局规定,可能影响某些学生的升学前途,毕竟有些学生其他学科成绩都相当优异,唯体育一科难达标准;若任意通融,日久天长,会有更多的学生忽视体育,不仅对学生的健康成长不利,而且妨碍格致中学的体育发展。何去何从?最后,体育老师采取了一个令自己更加辛苦的补救办法。1947年上半年对于那些只有体育一科不及格,其他学科成绩皆优良的上届毕业班学生,体育主任提请校长通融办理,令其参加本学期每日上午7点至7点半的早操,练习后再行补考。对于其他年级体育成绩不及格的学生(1947年上半年达60名),利用暑期补习学校的机会,让他们在暑期内每天早晨7点30分至8点30分到校免费补课,由老师在一旁指导,然后进行补考,不参加补课或补考仍不及格的学生令其留级。至于伤病学生,须经本校校医证明,体育老师才准予免试,若没有本校校医证明而仅有校外医生证明的一概不予核准。

童子军,英文是BOY SCOUT(女童子军是GIRL GUIDE),是由英国贝登堡创立的一种儿童训练组织，其创立目的是想通过各种训练活动使青少年更加机警、灵敏、富有创造力和冒险精神。至今童子军组织在西方国家依然广泛存在。晚清末年童子军概念由西方传入我国。1912 年 2 月 25 日，武昌文华书院的严家麟牧师采用英国的童子军书籍创立中国童子军第一团，这一天成为中国童子军的创始日。童子军活动很快传到上海，英国人主办的教会、中华基督教青年会、各教育机构相继组建了童子军。当时中国童子军的活动内容基本是英国的翻版，童子军教练也由外国人担任。1913 年华童公学的校长康普(Kemp，1917 年曾兼任格致公学的校长)邀请中国当地教育界及热心童子军活动的人士，举行“童子军教育会议”。讨论适合中国儿童的童子军组织及训练办法。会议结果，以英国童子军活动为模式，拟定了一个“中国童子军教育的办法”。1916 年康普校长发现童子军活动在中国普遍开展，但缺乏统一的领导机构，于是倡议组织“中华全国童子军协会”，召开上海各童子军教练会议，会议决定将“中华全国童子军协会”总会设在上海，支会设在广州、南京、汉口、北平、天津等地，并组织评议会，办理一切事宜。1924 年中国童子军第一次参加国际童子军活动。1925 年成立中国国民党童子军委员会。1929 年中国国民党童子军改名为中国童子军，由何应钦任中国童子军司令。

1917 年格致公学建立后，康普校长就在校内组织了童子军。当时学校运动场地缺乏，童子军的各项训练活动实际上部分承担了体育课的活动功能，深受学生的欢迎，很快风靡全校。1920 年格致公学童子军附属于中国童子军第一团(the First Troop of Chinese Boy Scouts)，因缺乏童子军教练，格致公学没有成立独立的团队，格致公学的童子军队员须于周三、周六、周日前往华童公学参加活动，尽管路途较远，同学们依然热情不减。

市立格致中学时期，格致童子军团成立后，孙志彬团长向中国童

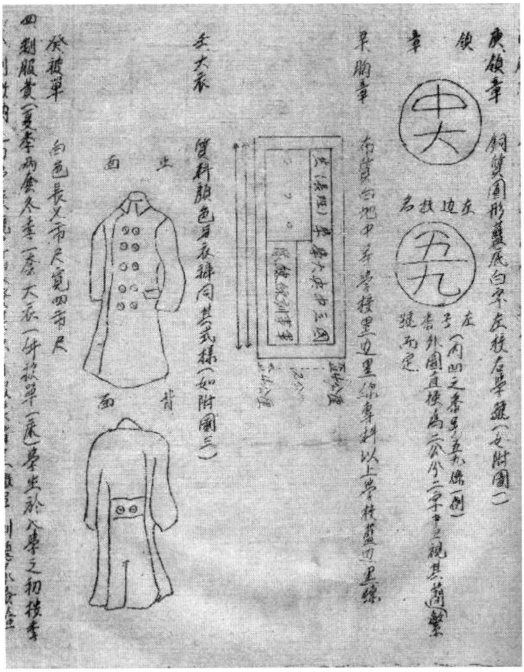

童子军服

子军上海市支会理事会申请登记，获得批准，被编定团次，颁发证件，还被通知呈缴团委主席应聘书、团长到职报告书及 4 份印模。童子军军训时要穿统一的制服：衣裤——国产布制作的中山装，夏季深黄色，冬季黑色；帽——军用软胎式，颜色与衣裤相同，帽徽用国民党青天白日党徽；绑腿——颜色与衣裤相同；鞋——黑色布（皮）鞋，夏季操练时穿草鞋；袜——黑色；腰带——黄皮带（战争得用线带）；领章——铜质，圆形，蓝底白字，左边写校名，右边写学号（如图）；胸章——布质、白地，中等学校黑边黑线，专科以上学校蓝边黑线；大衣——质料颜色与衣裤相同，式样如图。制服以穿两年为限，第三年要重新制备。

市立格致中学时期,学校或上海市举办的各种重大庆典和纪念活动,如 1946 年举行的还校纪念会、1947 年举办的 30 周年校庆纪念会、1947 年召开的上海市第五届运动会、1948 年举行的第七届全国运动会、1948 年开展的自然科学成绩展览会,都要检阅童子军或者派出童子军团维持秩序。上海市第五届运动会举行的第一天,就由格致中学童子军 100 人全天服务,并负责升降旗。

六、学校庆典活动

1946 年 4 月 27 日,学校举办了“还校纪念会检阅童子军暨春季运动会”,邀请上海市各界要人参加。吴绍澍(国民党市党部书记长)、王晓籁、万墨林(农工商业同业会会长)、宣铁吾(警备司令、警察局长)、赵祖康(工务局长)、吴开先(社会局长)等数十位来宾均准时到场。顾毓琇、李熙谋两位局长亲任大会名誉主席。庆祝会上气氛热烈,不仅有格致中学童子军和运动员的精彩表演,还邀请了在中学界颇有名气的民立女中的体操队为大会献演健美操。

1947 年 5 月 11—12 日,格致中学举行了隆重的建校 30 周年庆祝大会(这是从 1917 年格致公学建立算起)。为整理、布置会场,不仅事前函请借用格致中学教室的第二实验中心、上海医务人员特种补习班、市立职业补习学校第五校、私立建业义务职业补习学校四个机构停课一周,还请示教育局自 5 月 8 日(星期四)至 5 月 13 日(星期二)全校学生停课,并向工务局园场管理处借用盆栽花草 200 盆。11 日举行纪念典礼,先由校长周斐成主席报告校史,继由教育局局长顾毓琇、市党部方主委、市参议会议长潘公展、教育部督学陈东原等先后致词,并检阅童子军。庆典参加者还有教育局副局长、处长、卫生局局长、参议员吴玉书及各公立、私立中小学校长数十人。童子军检阅完毕即开始运动会,有双旗语架桥、新国民操、叠罗汉等表演。同

吴国桢(1947 年 5 月至 1949 年 4 月担任上海市市长)

时,十一间教室布置有各科作品(作业)展览,陈列了劳美、生物、理化、国文、史地、公民、英语、算学等各科平时作品,以及日常生活用品、机枪、军舰、风车等模型、图案画,卫生及生物自制标本等。当天下午由校友会主持游艺会,有歌唱、魔术、滑稽戏及京剧等精彩节目。12 日运动会继续举行,有田径、标枪、铁饼等项目的复赛和决赛,各科作品展览仍会继续进行。下午两点开始招待学生家长,举行恳亲会,先由周斐成校长报告教学、训管概况,继由吴谷声、顾文光、叶效良、江栋成、朱月萍诸位家长致词。接着便是学生钢琴独奏、独唱、戏迷传、地方剧等表演。参加恳亲会的家长有数百人。此外,来校观看运动会和展览会的有各校教师及学生,络绎不绝,约有千余人。直到晚上六点庆祝会方告结束。校庆还出版了专门的纪念刊物,并请当时的上海市市长吴国桢等为刊物题词。

第十七章

地下学运　喜迎解放

一、地下学生运动

格致有着悠久的爱国传统，从书院时期到公学时期，一直延续至今。1945 年 4 月，抗日战争胜利在即，接受党组织指示，中共党员陈章庭、巴洛、蔡明道、何肇滕转学到格致中学高中部就读，直接受中学学委李琦涛领导。同年 9 月，又有外校党组织新发展的党员学生钱仁昌（又名钱顺昌）、王志周、张长卿入校学习，由巴洛单线联系。这样，一度停滞的格致中学地下党活动又重新活跃起来。

巴洛等进入格致中学后，动员一些学习勤奋、成绩优秀、思想进步的同学加入党组织，1946 初巴洛等发展了马群（马之骏）、章鼎萃（章增）、郁钟德同学入党，随后初中部又发展了几名党员，受马之骏的单线领导。1946 年巴洛、马之骏、蔡明道等学校地下党负责人毕业离校后，上级派费福泉（男中市立中学分区学委委员）指导格致中学的地下工作，费福泉指定章鼎萃、郁钟德和钱仁昌为格致中学党组织负责人，带领新入党的顾培尚、杨铎声、梁伍杰和李孙荣继续开展工作。1947 年章鼎萃、郁钟德同学被学校开除学籍。1948 年 5 月，陈明棣插班入校，被指定为党的负责人。半年以后，何祚榕按上级指示入格致中学就读，担任地下党支部书记，陈明棣任支部委员，仍和上级党组织费福泉同志联系。1948 年 11 月党支部发展张贤弼(张一弼)和刘泉清入党,并增补张贤弼为支部委员。根据斗争形势需要,1949 年初校党支部改受黄浦区委文教分区委书记童亿忠(化名王璐)领导。党支部在 1949 年发展很快,2 月李孙荣由校外入党后转进格致中学,3 月发展学生骨干李金贵、黄钱根、姜珣入党,4 月发展徐永祥入党,梁伍杰亦于校外入党后转入格致中学。至此,格致中学的地下党员人数达到 12 名。

解放战争期间格致地下党支部组织学生开展了各种活动,主要有:

周斐成刚任校长时,曾同意学生建立“学生自助图书馆”,地下党组织就利用“自助图书馆”,借销售报刊书籍的机会,向同学们提供进步书刊,宣传革命思想。在出售《评中国之命运》一书时被校方发觉,巴洛和钱仁昌遭到周斐成的盘诘。由于此时国共关系还未公开破裂,校方未作追查和迫害。

1945 年昆明“一二・一”血案发生不久,地下党即向广大师生散发传单,揭露惨案真相,发起全校签名运动,党员和部分群众还举行了游行,要求马歇尔公开调停两党冲突,反对国民党对民主进步力量的迫害。1946 年 1 月 13 日,地下党组织发动群众参加玉佛寺举行的万人公祭大会,悼念惨案被害的四位烈士。

1945 年格致地下党的同学们利用合法身份发动群众,热诚推动各项还校筹备工作,加快还迁进程。学校回迁工作结束后,为了进一步开展民主革命教育,格致地下党发起成立了名叫“阿 Q 团契”的群众性读书会。根据当时某些组织者的回忆与解释:“阿 Q”是鲁迅著名小说《阿 Q 正传》中的主角,指代有待于觉醒的中国人,“团契”则表示是有约定的团体。“阿 Q 团契”可以理解为渴求觉醒、追求进步的青年团体。“阿 Q 团契”由二十多个喜爱读书、关心国事、思想倾向进步的同学组成,受马之骏、巴洛的直接领导。“团契”经常组织成员开展各项活动，如阅读《民主》《文萃》等进步刊物及从解放区传来的文艺作品；讨论民主政治的模式、革命根据地的斗争生活、什么是革命世界观和人生观等。“阿Q团契”实际上可以算作学校地下党的外围组织，它使广大学生的思想受到正确启迪。

1946年，解放战争眼看就要爆发，国统区物价大幅上涨，教员月薪不敷生计。3月22日，市立中学教师宣布“罢教怠教”。格致地下党立刻发动学生群众，支持各校教师的合法斗争，配合上海市地下党学委的斗争安排，组织了一系列活动。1946年4月1日，格致地下党组织发动本校同学慰问在校教师，并上街作“敬师募捐”活动，造成一定声势。5月25、26日两天，又力争校方支持，以学校名义动员师生组成小分队上街宣传募捐，还在校内设立茶水队、快报队、卫生服务员等，气氛十分热烈。这一连串行动，都是对国民党政权坚持内战政策的抗议与控诉。

1946年6月20日，格致地下党组织在校园内秘密发动了一次“反内战人人签名运动”。6月22日，上海《文汇报》刊登了“市立格致中学争取和平筹备会宣告成立”的消息，使学校反内战的正义宣言传向全市、全中国。是日深夜，党员和几名积极分子秘密集合于北京东路378号大楼顶层的电梯机房里，通宵准备游行用品。翌日游行开始，队伍在乐队的配合下声势浩大地走向西藏路。午后游行队伍被阻于八仙桥青年会(今西藏南路宁海东路口)。初中二年级进步学生阮光裕被国民党特务抓走。经多方奔走营救，阮光裕终于在7月20日获释，但旋即被学校开除。由于此次行动过多地暴露了地下组织与进步力量，使政府当局与校方产生警觉，着手侦查，斗争暂时转入低潮。

1946年暑假后，党组织在章鼎萃、郁钟德等带领下，开展了一系列合法活动，如组织学生参观大场“山海工学团”，研究陶行知先生“行与知的关系”的教育理论，讨论教育与实践相结合的道理、启发式教育与新型的师生关系等,还利用节假日组织学生赴昆山、佘山“远足”。

1948 年,支部委员借用“上海市地下学联联络员”的身份,在同学中个别串联,团结了李金贵、黄钱根等十几名积极分子。1948 年 12 月,何祚榕又以“地下学联”身份同顾诗灵、许志行、汤廷诰三位教师建立秘密关系。1949 年年初,格致地下党支部组织积极分子,分头将翻印的中共城市政策文件,同时投入不同地点的邮所,分寄给教师和同学,借以宣传党的政策。活动费用由 3 位教师节衣缩食挤出钱来提供,家境较好一点的学生党员何祚榕、黄钱根等也出了部分经费。

1949 年 3 月末,革命形势发展迅速。童亿忠传达上级党委指示,要求格致地下党支部建立党的秘密外围组织。格致党支部考虑到“地下学联”已在积极分子中享有威望,就将秘密外围组织定名为“格致学联”。全体党员分头动员、个别吸收进步同学参加。到 4 月末,“格致学联”包括党员在内发展到 60 人左右。学联成员王宗南受党组织指示,参加学生自治会主席竞选,获得成功,使许多地下活动可以更方便地开展。“格致学联”和地下党支部在上级指示下,做了许多迎接解放的工作,如对有反动言行的教师发送警告信、将解放军的《约法八章》贴在教师办公室内、秘密成立人民纠察队(后改为人民宣传队)、组织人员调查校产和人事档案。5 月中旬,还制作了大量红五星和旗帜,印发《三大纪律八项注意》等解放军入城宣传品。校中革命空气空前高涨,此时距上海解放已只在朝夕之间。校长周斐成则已于 4 月底离开大陆去台湾,校务委托教务主任盛蔼如代管,后来学校成立了临时校务委员会主持学校事务,学校控制权逐渐转入革命力量手中。

上海解放,在把政权归还人民的过程中,格致中学 30 年代的老校友、时任国民党上海警察局代局长的陆大公临阵起义,为保护上海人民的生命财产立下大功。陆大公从格致公学毕业后，迫于家庭生计，放弃了已被圣约翰大学录取的求学机会，以优秀的考绩，被工部局巡捕房录用，从此一直在警界服务。1945 年抗战胜利后，曾与中共城工部地下党有过联络。上海解放迫在眉睫时，为防止敌人疯狂破坏及屠杀革命人士，地下党领导人吴克坚派人与陆大公取得联系。他接受党的指示，配合代市长赵祖康，命令上海市军警停止抵抗，在警察大楼挂起白旗，向人民解放军投诚，还劝降苏州河北岸的守军残部，减少了上海人民生命财产的损失。1949 年之后，人民政权对陆大公的表现给予充分肯定。

二、格致师生喜迎解放

1949 年 5 月 22 日清晨，何祚榕根据上级指示来到学校，向临时校务委员会负责人盛蔼如老师亮明身份，要求盛蔼如负责维持学校秩序，保管好校产不受损失，等候接管。

1949 年 5 月 26 日，上海解放了！格致学生在格致学联领导下游行欢庆，纠察巡逻，宣传政策。党组织也由地下转为公开，领导群众配合解放军入城。沪中区（包括新成、老闸、黄浦三区）迎接解放的联络站一度就设在格致校园内。

（一）杭苇率工作组军管学校

1949 年 6 月 17 日，上海市军事管制委员会文管会中教室主任杭苇，率领接管工作组进驻格致中学，宣布学校由军管会接管。王子修为接管组组长，陈尔寿、李宗德为组员。接管工作由格致党支部（何祚榕）、学生自治会（王宗南）和教职工代表许志行、顾诗灵、汤廷诰以及进步学生等协助参加。交接工作完成得十分顺利。

(二) 中教界首建共青团组织

1949 年 9 月 1 日,格致中学建立了上海市解放后中教界的第一个共青团组织,李金贵当上首任团支部书记。9 月 2 日《解放日报》头版刊登了记载学校这一光荣历史的消息。

李金贵,出生贫苦家庭,求学刻苦认真,投入地下学联活动以后凭借一辆破旧的自行车,在广大同学中穿梭往来,积极联络,待人和蔼可亲,受到同学的一致好评,所以能光荣地担当起全市中教界第一位共青团组织书记。当时的《解放日报》曾专门发有报道。

(三) 陈尔寿受命首任校长

格致中学被接管以后,学校正式成立校务委员会,陈尔寿为主任委员,李宗德为副主任委员。9 月,李宗德调往上海市洋泾中学任职。10 月,上海市人民政府成立,任命陈尔寿为格致中学校长。经历了不平常的艰辛岁月之后,历史又赋予格致中学新的生命。新生的“上海市格致中学”,与我们亲爱的祖国中华人民共和国同月诞生!

陈尔寿

第十八章

格致人物　风采掠影

一、格致创建时期的诸位功臣

格致书院的创办是多方力量形成合力的结果，他们中有学者、官员、传教士，还有思想家等，在书院创立和发展过程中，不少中外人士付出了巨大心血，他们全力以赴，任劳任怨，堪称格致历史上的功臣。

麦华陀

1823年生，全名Walter Henry Medhurst，英国外交官员。1839年，随父亲传教士麦都思(Walter Henry Medhurst)来华，历任英国驻厦门、上海、汉口领事。1862年5月5日，作为英国驻沪领事的麦华陀发布了《上海马路命名备忘录》，开创了上海道路命名规则。制定了凡南北走向马路以各省名命名、东西走向马路以城市名命名的原则。1868年他积极干预扬州教案，率军舰前往南京，使两江总督曾国藩将扬州知府撤职，重申保护教会。

麦华陀是格致书院的首倡者和筹建者，在他的倡议下，1874年成立上海格致书院董事会，他担任格致书院董事会第一任主席兼司库，1876年书院落成对外开放。1876年底退休回国，推荐吉罗福任董事会主席，泰卜任司库。

唐廷枢

唐廷枢

号景星，亦作镜心，出生于 1832 年 5 月 19 日，广东省珠海市唐家镇唐家村人。中国著名实业家，是中国近代历史上著名的洋行买办，又是清末洋务运动的积极参加者。

幼年在香港的教会学堂学习，学得一口好英语。16 岁进拍卖行当职员，19 岁在香港巡理厅、大审判院当译员。1858 年抵沪，先后任江海关副大写、正大写及总翻译。1863 年 9 月起，任怡和洋行总买办。1873 年，参加轮船招商局工作，被授同知衔。1876 年，筹建开平煤矿，被授道台衔。1876 年在沪创办宏远贸易公司。1878 年开办济和水火保险公司，开华商保险业之先河。1892 年病逝于天津。有《英语集全》传世。

他是格致书院第一位华人董事，早在 1874 年董事会成立之前，即支持协助倡建格致书院。董事会成立后，他负责向华人募集捐款，筹建书院。1878 年担文主席提出建立科技培训班计划后，他积极动员地方绅商给子女报名，后因名额不足未能成事。1885 年偕同担文、傅兰雅邀请王韬担任书院山长职务。

傅兰雅

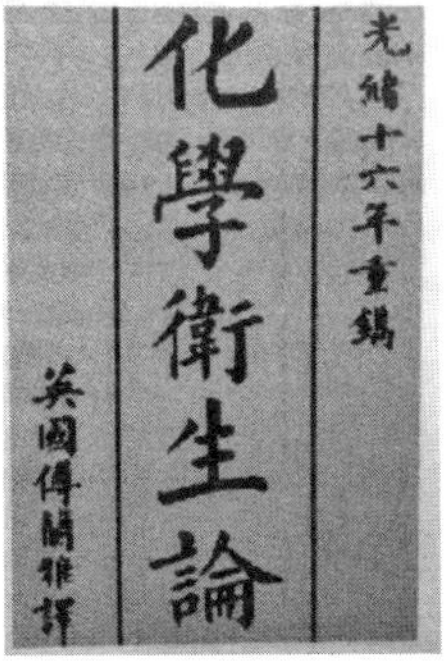
光緒十六年重鐫
化學衛生論
英國傅蘭雅譯

傅兰雅译著书影之一

英国传教士，杰出的翻译家、教育家，西学传播大师。

1839 年，傅兰雅出生于英格兰海德镇传教士家庭。1865 年到沪，任英租界福建中路上的第一所英语学校英华书馆校长。1866 年 27 岁时，即已精通汉语，能用汉语写作，并能讲广东话、北京话和上海话，兼任《上海新报》编辑。在江南制造局翻译馆与徐寿、华蘅芳等翻译了大量科技书籍。1874年,任上海广方言馆教习,主编《格致汇编》。同年,他参加"良好祝愿者会议",当选格致书院首批董事。1875年被推荐担任格致书院第一任秘书,此后一直担任这一职务,直至1896年赴美。清政府为表彰傅兰雅在华传播西学的业绩,特授予他三品顶戴。

1885年,傅兰雅出资成立"格致书室",出售以自然科学、政治改革为主体的中西要籍八百多种,1896年赴美国任加利福尼亚伯克利大学东方语言文学系主任,开设各级汉语、中国历史、中国文化等课程,是美国的中国学权威之一。

傅兰雅是唯一经历格致书院从创建、发展到转制全过程的董事。他为书院发展倾注了大量心血,包括管理院务、指导教学、购置仪器等。他不仅负责记录董事会会议,向报界报道书院各项工作,与海内外关心书院事务、询问科技问题的人员进行书信往来,还主编科普杂志《格致汇编》,亲任周末科技讲习班教习,帮助书院聘请外籍教师。即使在赴美后还多次回沪参加书院董事会议。后世研究者对傅兰雅的贡献,给予了高度的评价:"格致书院之经营,先后有三位灵魂人物,即傅兰雅、徐寿、王韬三人,其中尤以傅兰雅为最重要。始终从事其间,致力最勤,用心最专,贡献最大。"①

伟烈亚力

伟烈亚力

1815年4月6日,伟烈亚力(Alexander Wylie),出生于英国伦敦一位颜料商家庭。

1846年来华,致力于传道、传播西学,并向西方介绍中国文化。抵沪后与中国著名数学家李善兰结识,两人合作翻译了《几何原本》(全书)、《代微积拾级》、《代数学》等书,其中的《代微积拾级》被福州船厂法

① 王尔敏:《上海格致书院志略》,香港中文大学出版社,1980年,第90页。

文学堂、京师同文馆、上海中西书院、武昌两湖书院、绍兴中西学堂等清末学堂定为数学教科书。他在《北华捷报》上连续发表的他研究中国数学史的权威论文《中国科学札记 · 数学》，极大地改变了国际学术界对中国古代数学成就的偏见。1853 年伟烈亚力出版了用中文写成的数学入门书《数学启蒙》，编印中国第一本中文月刊《六合丛谈》。1887 年返回伦敦定居，不久在英国逝世。

格致书院筹办时，他被推选为四位西人董事之一，是书院创始董事之一，参与书院创建时期一切重大项目的商讨。同时他又被推举开具科学书目，实为格致书院实际负责人之一。

伟烈亚力一生著述甚丰，有关中国的著作有《满蒙语文典》《中国文献纪略》《匈奴中国交涉史》等。他不但对西学东渐作出重要的贡献，在东学西渐方面的工作更是功不可没，是国际公认的汉学权威。

徐寿

左起：徐建寅、华蘅芳、徐寿

字雪邨，中国近代化学的启蒙者，翻译家，机械专家。格致书院主要创始人之一。

徐寿和华蘅芳研制出中国第一台蒸汽机

1818年2月26日，徐寿出生于江苏无锡钱桥社岗。5岁丧父，在母亲宋氏抚养下长大成人。青少年时代报考秀才不中后，转向自学西方律吕（音乐）、几何、重学、矿学、汽机、医学、光学及电学。1853年与同乡华蘅芳结伴到上海购买书籍、实验仪器，并向在墨海书馆译书的算学家李善兰请教科技问题。1862年，接受曾国藩委派，到洋务派创办的第一家军事工业安庆军械所办理机械制造事务。1862年，徐寿和华蘅芳一起研制成功中国第一台蒸汽机，曾国藩见后在当天日记中写道："窃喜洋人之技巧我国亦能为之，彼不能傲我以其所不知矣！"1865年，徐寿又与华蘅芳等合作，成功造出中国第一艘木制汽船"黄鹄号"，曾国藩亲自乘此船北上高邮，写下"黄鹄"二字。1866年，被曾国藩派往上海襄办江南机器制造局，自制镪水棉花药（即硝化棉）和汞爆药（即雷汞）。1868年入江南制造局翻译馆，翻译西方科技书籍。他先后与传教士伟烈亚

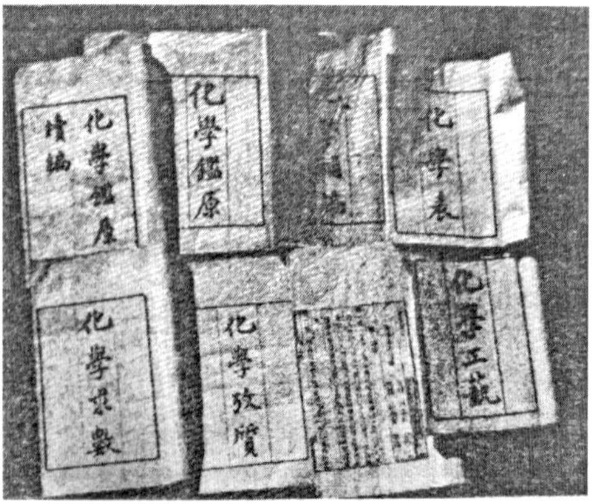

徐寿与傅兰雅等翻译的化学书

力、傅兰雅合作翻译了《汽机发轫》《化学鉴原》《营城揭要》《化学考质》《化学求数》等十余部西方科技书籍。他在长期译书的过程中编制的《化学材料中西名目表》《西药大成中西名目表》,对近代化学在我国的传播、发展发挥了重要作用。他所译定的化学元素名称如:钡、铋、溴、碘、铱、锂、镁、钼、钯、铂、硒等都已成为标准译名,沿用至今。

1874年,徐寿受傅兰雅引荐,参加格致书院董事会,是格致书院中方董事的重要代表人物,书院的主要创办人之一。

徐寿积极募集捐款,筹措资金,设计、建造格致书院院舍。他支持建造大铁房,为此多方募捐,精心设计大铁房图纸,购买仪器设备,终因资金短缺而放弃。1878年,受董事会主席吉罗福推荐,担任格致书院司库一职,直至1884年病逝。任司库期间,徐寿想方设法解决书院经费问题,募集捐款,造房出租;并慷慨解囊,出资赎回抵押在银行的书院地契,提议将地契埋入大楼墙壁内。他协助傅兰雅编著《格致汇编》,为其作序、撰稿;热心为来院参观、研讨学问的人提供科技咨询,讲解科技难题;对别人送来书院请求化验的铁矿和其他化石进行认真分析;并反对在书院资金异常紧张的情况下,出巨资聘请外籍教师。总之,徐寿为格致书院的发展和西学的传播作出了杰出贡献。

华蘅芳

字畹香,中国近代机械工程专家、数学家,格致书院董事。

华蘅芳

1833年出生于江苏省无锡县荡口乡。自幼即对算学入迷,青少年时代就系统学习了中国传统数学,与同县的徐寿结为至交。1861年,应曾国藩之召,华蘅芳与徐寿父子同进"安庆内军械所",并于1865年合作造出了中国第一艘蒸汽机轮船"黄鹄号"。在

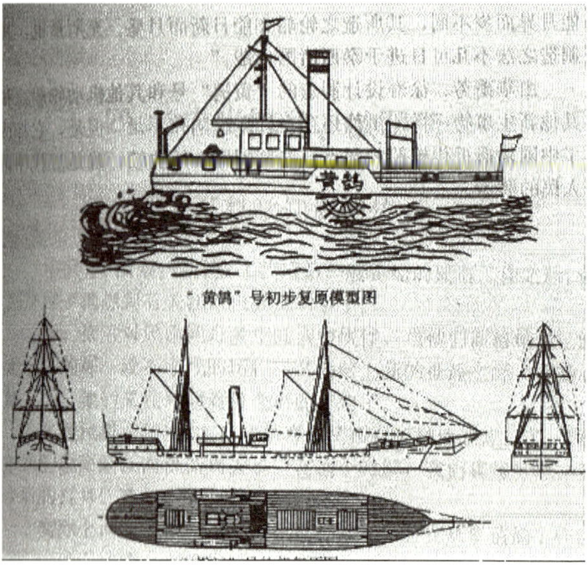

“黄鹄号”复原模型图

江南制造局,又同徐寿等合作,从1868年起,先后造出“恬吉号”(后改名“惠吉号”)明轮兵船,及“操江”“测海”“威靖”“海安”等暗轮兵船。他还为江南制造局的龙华火药厂配置出镪水(即硝酸),为国家节约了外汇。进入江南制造局翻译馆后,他与西方人士合作翻译了《金石识别》《地学浅释》《御风要求》《测侯丛谈》等要著。其中与傅兰雅合作集中翻译的是大批西方数学代表作,如《代数术》《微积溯源》《决疑数学》《三角数理》《代数难题解法》《算式解法》等。1860年还写出《抛物浅说》一书。40岁以后撰写的近代数学名著有:《学算笔谈》6卷、《开方别术》1卷、《开方大义》2卷、《数根术解》1卷、《积较术》3卷、《算率丛存》4卷8篇、《算法须知》4章。后汇编成《行素轩算稿》。

1879年,华蘅芳被格致书院董事会正式聘为山长,义务料理日常事务,热情接待来院参观仪器、研读书籍的访客,向他们讲授科技知识，提供科技咨询。由于他的威望和悉心指教，来院造访请教的文人雅士络绎不绝，大大推动了西方科技尤其是数学知识在中国的传播。此外，他还利用闲暇时间编纂数学教材。

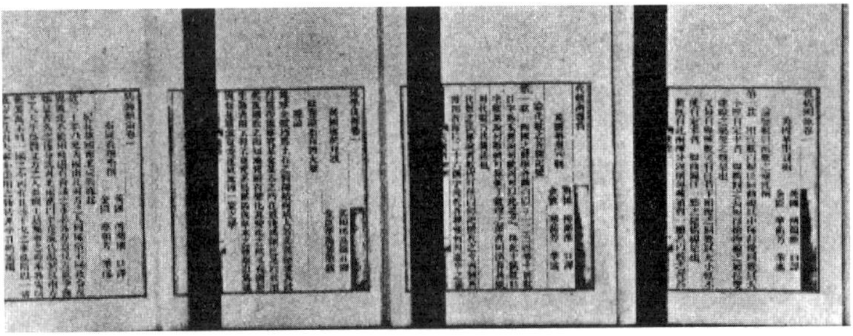

华蘅芳部分译著书影

担文

英国著名律师，长期担任格致书院董事会主席。第一次任董事会主席时，即于1878年提出创立科技训练班，聘请外籍教师执教的方案，后因经费问题搁置。1885年，他第二次担任董事会主席期间，先后成功举办了英文讲习班、周末晚科技讲习班、全日制科技训练班、寄宿制学校等。1907年，欲开办铁路和矿业工程学校，未成。办班期间曾三次从国外聘请教师，均未达到预期效果。1885年，聘请王韬任山长，同意新增“考课”项目，大大提高了书院的知名度和影响。1901年，修改书院章程，聘任潘慎文为监院，不仅办班、考课工作继续进行，周四晚的公众讲座也如期举办，渐成制度。1904年，放弃与尚贤堂的合并计划，转向重点发展图书馆和阅览室工作，修缮藏书楼，收购书籍报刊，接待读者。1911年，同意古柏将

王韬

书院地皮以租借的名义转让给工部局创办基础教育学校，并亲自写信给工部局。

王韬

中国近代早期维新思想家、政论家，中国第一报人，晚清中西文化交流的著名学者。格致书院山长。

1828 年出生于江苏长洲(今吴县)，王韬幼小资质聪颖，跟随父亲熟读经史，18 岁考中秀才，以第一名入县学。1847 年首次到上海，造访墨海书馆，结识麦都思、慕维廉、艾约瑟、伟烈亚力等西学名人。1848 年，应邀到该馆任文学编辑，长达十三年，其间与艾约瑟合作翻译出版了《重学浅说》《光学图说》《西国天学源》等书籍。1860 年，李秀成率领的一支太平军攻陷苏州、常州，进迫上海，王韬化名“黄畹兰卿”，上书太平天国刘绍庆，为太平军攻取上海出谋划策。1862 年，该

王韬译编西书六种

书信被李鸿章查获，王韬遂被同治帝下旨缉拿。在友人帮助下，王韬逃入英国驻沪领事馆，避难三个月，随后逃至香港，在英华书院协助理雅格翻译《十三经》《尚书》《竹书纪年》等书。1867 年，王韬应理雅格函邀到苏格兰佐译中国古代经典，途经开罗、巴黎、伦敦。经伦敦时应校长邀请在牛津大学用中文发表演讲，讲述孔子学说、中英关系，这是有史以来第一位中国学者在牛津大学讲话。到 1870 年，理雅格和王韬完成了《诗经》《易经》《礼记》等中国经典的翻译。1870 年，王韬随同理雅格返回香港。在香港期间，王韬编译了《法国志略》《普法战纪》二书。后者受到李鸿章的重视，并在日本引起强烈反响。1874 年，王韬在香港创办第一家中文日报——《循环日报》，他自任主笔，在报上发表大量政论，鼓吹中国必须变法自强，发展铁路、造船、纺织等工业，造成很大的社会影响。他因此成为我国新闻史上第一位报刊政论家，中国近代早期维新派代表之一。

1879 年，王韬应日本文人邀请，前往日本进行为期四个月的考察，写成《扶桑记游》。1884 年，经李鸿章默许，清廷免纠其罪，王韬携家返沪，创办弢园书局。1885 年，格致书院担文、傅兰雅、唐廷枢共同邀请王韬主持格致书院。他接受董事会聘请，担任格致书院山长，直至 1897 年去世。任期内他积极拓展格致书院事业，开创了一年四次的考课业务，编辑出版了《格致书院课艺》，后来还增加了春秋特课，推动了国人对时务和科技的关注，扩大了书院的影响。他赞同设立英文讲习班，聘请中西教师上课，讲授西学。其间他还著有《淞滨琐话》《漫游随录图记》。1894 年，孙中山曾拜见王韬，王韬为其修改《上李鸿章书》。1897 年，王韬病逝上海城西草堂。王韬一生在哲学、教育、新闻、史学、文学等许多领域都作出杰出成就，著有《韬元文录外编》《韬元尺牍》《西学原始考》《淞滨琐话》《漫游随录图记》《淞隐漫录》等四十余种。

赵元益画像

赵元益

格致书院山长。字静涵,江苏新阳人。光绪举人,精通医学。

1869年,应邀入江南制造局翻译馆任职。清光绪十五年(1889),曾作为医官,随从出使英、法、比、意4国使馆工作,归国后重返江南制造局翻译馆任职。光绪二十三年(1897),与董康等人创立上海“译书公会”,同年与吴仲韬创立“医学善会”。所译著作,侧重于西方医药、卫生保健方面,有《儒门医学》《光学》《西药大成》和《法律医学》等,其中《西药大成》是当时最大的一部西药译著,《法律医学》是我国第一部翻译西方法医的著作。

1898年8月,赵元益与华蘅芳、徐建寅、徐华封等发起成立专研西学的格致学社。又入格致书院求学,参加四季考课与春秋特课,成绩优异。曾参与《格致汇编》的编辑工作。后被推为格致书院山长,掌管全院,直至1902年去世。

二、格致发展历程中的名校长

1915年,格致书院转型成格致公学,成为工部局管理下的一所新型学校。公学尽管受到租界当局的制约,而且时局也动荡不安,但是先后任职的几位中外校长都相当尽力,逐渐突破工部局原先的英式教育模式,努力实施本土化教育,并且继承和发展格致书院所开创的优良传统。

希廉

英国人,于1917年至1929年任格致公学校长,他是一位教育行家,有着自己的教育理念。

任职期间,希廉不仅办学认真,且重视教育改革,为格致公学的崛起作出了重要贡献。他传承格致书院的“科学”“技艺”等特色,注重自然科学的教学,所开设的课程有数学、物理、化学、地理等,倡导学习新知和实用之学,强化实验教学,培养学生对科学的兴趣。1927年,新校舍落成,特设两大间工场式的理工实验室和化学实验室,另有仪器设备的准备间,所购的实验器材和各种化学试剂之先进与齐全,上海各中学均望尘莫及。学校六个年级均设有“理工科”“木工科”,聘有经验之士为专职教师,实为格致公学的一大特色。

格致公学的化学实验物品

希廉校长是格致公学学制与课程改革的主要推动者。1928 年,他根据学校发展和社会与教育的需求,审时度势,征得工部局同意,一改“预科”与“正科”的学制而采用当时国际先进的“六三三”学制,大受社会欢迎,学生猛增至 400 余人。同年,学校在课程设置方面再次向中国教育部颁布的课程标准靠拢,并与上海市的民国教育课程接轨,从而为学生开辟了更为广泛的就业与升学渠道。尤其值得一提的是,作为一名外籍校长,他勉励学生好好学习国文,还在格致公学设立了个人出资的专项奖学金。

1930年，希廉升迁为工部局学务处处长，裴来继任校长。

裴来

英国人，理学学士。裴来最初在格致公学任教英语和体育。1920年，担任校长助理，兼教英语。1930—1940年，任格致公学校长。

他继承和发展了“格物致知”的优良传统，严格管理和规范学生的日常行为习惯，用英式的教育方法，培养中国学生具有绅士风度。他建立一系列学生的日常行为管理制度，严格执行，持之以恒，使之形成良好的习惯。他治校严谨，赏罚分明，对英语教学特别重视，所以师生的英语都特别好。同时他对体育也情有独钟，当时的校足球队在工部局和上海市公立学校中负有盛名。在他的管理下，学校进一步形成了教师敬业、学生乐学的风气，培育了格致“求真观”“崇实学”之精神。学校受到了当时上海市教育局、中国教育部的高度评价。在工部局会考、上海市中学毕业会考、香港大学的入学考试中，格致公学学生成绩优异，受世人瞩目。1942年9月25日，裴来校长因病逝世，很多学生自发到万国殡仪馆参加追悼会，痛惜格致公学从此失去了一位好校长。

刘崇本

作为格致公学唯一的华人校长，刘崇本副校长也为学校的发展作出了独特贡献。他曾留学美国哥伦比亚大学，师从实证主义教育家杜威，攻读教育硕士学位。后经工部局华人教育处处长陈鹤琴举荐，于1932年春回国到格致公学任教英语，同年秋任副校长。

刘崇本

他在任职期间独创“四院”模式，即“光启”“念孙”“炎武”“有光”院，让学生自己组织、自己管理、相互激励。格致“四院”的设立，在于“各级学生不记程度之高下，年龄之大小，可以同属一院，与他院相竞争”，以此唤起学生间团结合作、竞相进取的精神。这种“四院”模式为之后的格致社团活动开创了优良传统。

刘校长分管学校中文部的教学，除了必要的教育部颁定教材外，他还选用古今中外文情俱佳的作品，作为学校选修教材，拓展学生的视野，为教师所称道，为学生所乐用。他主管学生的思想教育，在日本加紧侵华、国家多难之时，他注重加强“公民课”的教学，开好历史、地理课，还辟有专用教室，进行爱国主义教育，潜移默化，激励学生做一个堂堂正正的中国人。刘校长对学生着装的要求意味深长，他规定以同款同质的长衫为校服，其用意除“朴素大方”“互助平等”含义外，还在于时刻提醒学生不能忘了自己是一个中国人。

前排右二为刘崇本校长，右三为裴来校长

刘崇本任副校长近十年，为人师表，善解人意，是一位有亲和力、凝聚力的好校长。1942 年秋，格致公学被汪伪教育局接管，有着强烈爱国心的刘校长不愿臣服汉奸，愤然辞职，举家迁往美国。

周斐成

周斐成在抗战胜利后被任命为市立格致中学校长。他出生于江苏常熟，毕业于上海政法学院政治系，后进入教育界。他一上任就着手学校的接收整顿工作，并且多方呼吁，最终使学校迁回了北海路原址。在他任职期间，发扬了格致传统办学特点，重点抓好数理化自然学科，进一步强化学生动手能力的培养，还注重学生的操行等第与各种考核，注重体育教育，学生的课外活动更是丰富多彩。当时学校的师资阵容十分强大，面貌更是焕然一新。

1949 年 10 月，中华民族在经历了种种磨难和考验之后，终于迎来了新中国的诞生，与此同时，格致中学也迎来了新的生命。

陈尔寿

陈尔寿毕业于南京中央大学地理系，是我国著名地理学家，地理教育学家。解放初，陈尔寿被上海市人民政府任命为格致中学校长。

左起：张志敏、陈尔寿、高润华

作为中华人民共和国成立后格致的首任校长，他的工作为学校后续发展奠定了扎实基础。在他主持工作的三年多时间里，实行了一系列改革和创新举措。一是建立一支思想品德高尚、教学业务过硬的师资队伍；二是规范学校日常教学活动，端正学习风气，他在全校组织“荣誉考试”，实行无人监考，树立良好的学风、考风；三是增扩班级，招收女生，创办夜校，践行平民化教育，适应社会需要。

1953年，陈尔寿被征调入京，先是在教育部参与制定新中国第一套中小学地理教学大纲，后调入人民教育出版社编写中小学地理教科书，任人民教育出版社地理编辑室副主任。1959年被错划为“右派”，下放到内蒙古自治区，“文革”结束后重新任人教社地理编辑室主任、编审，兼课程教材研究所研究员。1991年起被人教社和课程教材研究所聘为咨询委员，1993年起享受国务院特殊津贴。2004年荣获中国地理学会第一届“中国地理科学成就奖”。2008年，他还在学术刊物《地理教育》上发表了《对地理课程“学科中心”“知识本位”问题的商榷》一文，当时已93岁高龄。2012年7月6日夜，陈尔寿先生溘然长逝，享年96岁。他为中国地理基础教育事业的发展奉献了毕生精力。

三、格致培育的杰出校友

在格致一百多年的办学历程中，一直秉承着“科学、爱国”的传统，培养了无数优秀的学子，他们或投身于革命，或埋头于科学研究，或经商或从政，还有的从事教育、医学、法律等各项工作。格致学子奋斗在各条战线上，为国家、民族作出了不小的贡献，他们是格致的骄傲，也是民族的精英。由于篇幅有限，下面主要给大家介绍两位爱国志士，以及格致所培养出来的13位两院院士。

吴学谦

吴学谦，1921年出生于上海，1938—1940年就读于格致公学，1938年任上海学生界救亡协会格致公学小组负责人，开始走上革命

吴学谦

道路。1939年秘密加入中国共产党，任中共地下党上海格致公学学生党支部书记。

当时上海地下党领导按照中央指示，定出“十六字方针”，即“隐蔽精干、长期埋伏、积蓄力量、以待时机”。吴学谦带领“学协”会员，积极稳妥地开展各项工作，一方面成立半公开的联谊会，帮助同学解决学习和生活上的问题；另一方面，党员以自己优异的学习成绩，在同学中取得威信，广交朋友。他先后组织学生参加“红五月”歌咏活动，教唱《我的家在松花江上》《大刀进行曲》《五月的鲜花》等革命歌曲，带领大家传阅进步报刊和文章，诸如：毛泽东的《论持久战》、斯诺的《西行漫记》，以及《抗战三日刊》等，讨论抗战和时事形势。当时政治环境非常险恶，吴学谦开展工作非常讲究方法，注意安全，他善于在党内文件和党内语言中，用代号来表达，如T代表党员、M代表群众、J代表积极分子，后又用YF来代表党的外围进步青年组织。吴学谦还积极发展同学入党，使革命队伍不断壮大，到1940年，格致公学已有5位中共党员，学校成为一个坚强的学生运动阵地。

解放后，吴学谦先后担任国家外交部长、国务院副总理等职务。

麦新

麦新

麦新，原名孙默心、孙培元、铁克等，是格致20世纪30年代的校友，1914年12月5日出生于上海，早年就读于格致公学，迫于生计，15岁便辍学了，他对自己有限的求学岁月，有一段深情的回顾：“五卅运动时我正11岁，在上海一家工部局的外国式学校——格致公学读书，亲耳听到南京路上的枪声，亲眼看见罢课、罢市等情况，这给予我很大的刺激，使我第一次对帝国主义有愤恨的思想。”

1931 年“九一八”事变后，麦新开始参加抗日救亡运动。他爱好音乐，积极参加上海抗日救亡团体“民众歌咏会”的演唱活动和进步音乐组织，向群众教唱聂耳的《开路先锋》《义勇军进行曲》和冼星海的《救国军歌》《打回老家去》等抗日救亡歌曲。1936 年 8 月，麦新创作的处女作《九一八纪念歌》经冼星海谱曲，很快传遍上海。此后，他还创作了《牺牲已到最后关头》《保卫马德里》《只怕不抵抗》等著名作品。

1937 年 7 月 7 日卢沟桥事变发生，日本开始全面侵华，与此同时全民族抗战也爆发了。当时驻守北平的国民党第二十九路军大刀队英勇杀敌的捷报不断传来，麦新热血沸腾，彻夜不眠，于 8 月 8 日创作了《大刀进行曲》这首不朽的时代战歌。这首歌曲一经诞生，就如疾风闪电，迅速传遍了大江南北、城镇乡村、前线后方，成为振奋民族精神、争取民族解放的号角。

1937 年 9 月，麦新参加中共上海地下党组建的“战地服务队”，开赴前线参加抗日。1938 年 1 月，他光荣地加入了中国共产党。1940 年 10 月，经周恩来批准，麦新奔赴延安，任“鲁迅艺术学院”音乐系党

麦新烈士墓

支部书记，参加了著名的大生产运动、整风运动及延安文艺座谈会。

抗战胜利后，麦新随大批干部奔赴东北。后调内蒙古科尔沁草原哲里木盟开鲁县工作，先后任宣传部长、组织部长，参加领导当地的土改运动和武装斗争。在这期间，又创作了一批反映时代要求的革命歌曲。1947 年 6 月 6 日，麦新在执行任务途中遭匪徒袭击，壮烈牺牲，年仅 33 岁。

吴仲华院士

吴仲华院士

格致中学 1933 年校友，中国工程热物理学家。中国科学院院士。原籍江苏苏州，1917 年 7 月 27 日出生于上海，成长在一个普通的小康知识分子家庭。父亲是职员，随和风趣，母亲受过良好教育，知书达理，思想开明，勤俭操劳，要求子女勤奋读书。16 岁前在上海度过，就读于格致中学，后转入南京金陵中学。1935 年，抱着“工业救国”的理想，北上考入清华大学机械工程系。1940 年毕业于西南联大(清华大学等在抗战时期内迁)后留校任教。1947 年在美国麻省理工学院获博士学位。先后任美国 NACA(美国航空咨询委员会)研究科学家、PIB 教授。1954 年回国担任清华大学动力机械系教授兼系副主任。1956 年，他在清华大学创建了全国第一个燃气轮机专业，任教研室主任。同年又与中国科学院合作，创建了中国科学院动力研究室，任研究员、主任，加强了教学与科研的结合，办公地点设在清华大学近南校门处，动力研究室研究方向是燃气轮机(包括航空发动机)、冲压发动机(应用于导弹等)、内燃机。

1957 年，吴仲华当选为中国科学院学部委员(后改为院士)。他积极参与全国科学发展规划制定，倡议建立动力工程的基础学科——工程热物理学科，得到众多同仁的赞同。同年，新中国第一次颁发国家自然科学奖，他以“燃气轮机的研究”荣获二等奖，内容包括：燃气轮机发展、中心流线法、燃气热力性质表等。1958 年，中国科技大学成立，他兼任物理热工系（设 3 个专业）主任，并创建了工程热物理专业。

1978 年，在吴仲华等建议下，国家科委成立了工程热物理学科组，吴仲华任组长，领导制订全国工程热物理学科发展规划；成立燃气轮机专业组，吴仲华任副组长；同年，他创建了中国工程热物理学会，任第一任理事长。后又创办了《工程热物理学报》，任主编，极力在美国出版《中国工程热物理学报》。从此，工程热物理学科有了全国性的学术交流场所和平台。

1980 年，中国科学院成立了工程热物理研究所，吴仲华任第一任所长，之后担任名誉所长，中国科学院主席团执行主席、名誉主席，全国人大常委会委员，中国航空学会理事长，中国工程热物理学会理事长，《工程热物理学报》主编等职。吴仲华是我国工程热物理学、航空发动机学术界杰出的代表。1992 年 9 月 19 日病逝于北京。

方守贤院士

方守贤院士

格致中学 1948 年校友，中国科学院院士，著名物理学家，1955 年毕业于复旦大学。中国科学院高能物理研究所研究员，北京正负电子对撞机国家实验室主任。20 世纪 60 年代初，他发现等时性回旋加速器中存在着一种由于自由振荡而引起的不等时性现象。1982 年至 1983

年在西欧联合核子研究中心工作，参加新型强流反质子积累环设计，负责聚焦结构设计，发展了一种适合于小中型环形加速器的消色散方法。1983—1986 年，参加北京正负电子对撞机(BEPC)储存环设计，对其理论设计作了改进。1986—1992 年，全面领导 BEPC 工程建设、运行及改进，按期完成投入运行，整机性能在国际同能区的机器中占领先地位。

方院士所做的“等时性回旋加速器粒子动力学研究”获 1978 年全国科学大会奖；“等时性回旋加速器的中不等性现象”获 1982 年国家自然科学四等奖。1986—1992 年，领导北京正负电子对撞机的设计建设、调束运行，获 1990 年国家科技进步特等奖。他曾在国内、外重要学术刊物上发表论文 30 余篇。

邹世昌院士

邹世昌院士

1949 年毕业于格致中学。中国科学院院士，材料科学家。1931 年生于上海，原籍江苏太仓。

1952 年唐山交通大学冶金工程系毕业。1958 年在苏联莫斯科有色金属学院获副博士学位。20 世纪 60 年代，邹世昌负责国防重点任务——甲种分离膜加工成型工作，对技术路线进行优选决策，获得国家发明一等奖。70 年代以后在离子束材料改性、合成、加工和分析等方面进行了系统的研究工作，独创了用二氧化碳激光背面辐照获得离子注入损伤的增强退火效应，用全离子注入技术研制成我国第一块 120 门砷化镓门阵列电路，用反应离子束加工成我国第一批闪光全息光栅，研究 SOI 材料并制成 CMOS/SOI 电路，发展了离子束增强沉积技术并合成了氮化硅、氮化钛薄膜。在中国最早将离子注入应用于半导体集成电路，首先建立了离子背散射沟道技术，并应用于半导体材料及器件。研究离子注入硅单晶的激光退火行为，离子注入多晶硅的激光再结晶，并研制成高 CMOS 器件。开展了高分子材料离子束表面改性的研究，获得国家科技进步三等奖。被推选为国际上离子束领域两个主要学术会议国际委员会委员。

邹院士历任中国科学院上海冶金研究所研究员、所长。曾受聘为德国慕尼黑弗朗霍夫学会固体技术研究所客座教授。1986 年当选为中共上海市第五届委员会候补委员。1991 年当选为中国科学院学部委员(院士)。1992 年当选为中共第十四届中央委员会候补委员。现任上海微系统所研究员、博士生导师，并任上海市集成电路行业协会会长、上海华虹 NEC 电子有限公司副董事长。

邹世昌发表科学论文 100 余篇，在国内外享有很高知名度。

汪品先院士

1953 年毕业于格致中学。江苏苏州人，1936 年 11 月生。我国著名的海洋地质学家，博士生导师、中国科学院院士。

汪品先院士

从格致中学毕业后便留学苏联，1960 年从莫斯科大学地质系毕业。先后在华东师范大学和同济大学任教，历任同济大学海洋地质研究所副所长、海洋地质系主任、海洋地质教育部重点实验室主任。现任同济大学海洋与地球科学学院教授、博士生导师。

1991 年当选为中国科学院院士。近年来，以汪品先为首席科学家的“大洋钻探 184 航程”在大洋钻探船上首先完成了在中国海区钻探海底地层的科研项目。汪品先现任中国海洋研究科学委员会主席、国际海洋研究科学委员会副主席和全国政协委员。近年来积极推动中国地球系统科学研究,强调地球圈层之间的相互作用,从海陆结合的角度研究新生代东亚宏观环境格局的演变。他是大家公认的"独立思考,敢越雷池"的科学家。

王正敏院士

王正敏院士

1949年格致校友。1935年,王正敏出生于上海,1955年毕业于上海第一医学院(现复旦大学)医疗系。1982年获瑞士苏黎世大学博士学位。现任卫生部听觉医学重点实验室主任、上海市听觉医学科学研究所所长,兼任中华医学会理事,第二届国际听觉、视觉生物物理大会主席。2005年当选为中国科学院院士。上海医学会耳鼻喉科学会名誉主委,国际颅底学会创始委员、委员。美国《颅底外科杂志》编委,《中国眼耳鼻喉科杂志》主编,卫生部国家继续教育专家组成员,第一、二、三、五届亚太国际人工耳蜗大会理事。世界聋联听觉医学委员会委员,香港大学荣誉教授,美国俄州莱特大学和香港中文大学客座教授。

他有着深厚的医学造诣,手术高度精确,治疗中耳炎、耳硬化等多种致聋疾病的成功率位居世界前列,研究和诊治面神经麻痹、梅尼埃病和头颈颅底肿瘤等难治疾病的贡献卓著。为国家培养了多批优秀临床和科研骨干人才。他荣获全国劳模、五一劳动奖章、上海市劳模等多项国家和市级荣誉。擅长诊治耳聋和各种致聋疾病(中耳炎、耳硬化、耳畸形等);面瘫、面肌痉挛、眩晕(梅尼埃病);耳、鼻、颅底肿瘤，运用显微外科、微内镜、激光、导航、脑神经监控和人工耳蜗植入等现代新进的方法进行治疗。

王院士长期从事听觉医学和耳神经-颅底显微外科的研究，是我国此领域的主要开拓者和国际颅底外科学会创始人之一。颅底手术，曾是让不少外科医生望而却步的“禁区”。颅底这块脑部和五官相接的地方，血管非常密集，还有三叉神经、面神经等12对颅神经。手术全程都要在显微镜下进行，稍有差池，就会给病人造成严重后果，这样的“地带”，脑外科医生和五官科医生都不敢轻易触碰。从瑞士苏黎世大学留学回国的耳鼻喉科博士王正敏开创了中国首例侧颅底手术。他还组织并主持国产人工耳蜗的研制。创建了卫生部听觉医学重点实验室。在保护和重建神经功能的耳外科、颅底神经血管区显微外科、自主创新的人工耳蜗和内耳细胞损伤修复机制等方面作出了突出贡献，使聋残人复聪率和耳神经-颅底疾病治愈率得到明显提高，使我国在该领域位居国际先进行列并培养了一批优秀科技人才。

他的得意门生王杰所开展的乳突根治术+鼓室成形术及听力重建术、各种鼻窦内窥镜手术，达到国内先进水平。近年来在微创治疗视神经外伤、泪道阻塞等鼻眼相关疾病方面有很深的造诣。在临床科研中发表论文十余篇。已完成局、院级科研项目一项、在研一项，并参加《声带显微外科学》的编写工作。

王院士曾获国家科技进步奖三等奖两项、省部级奖16项；有《王正敏耳显微外科学》《颅底外科学》《现代耳鼻咽喉科学》等专著13部，SCI和核心期刊论文200余篇。已培养博士后3名，博士28名。多次获全国先进工作者、全国五一劳动奖章、上海市劳模、上海市科技精英、上海市医学荣誉奖、上海市育才奖等奖项。

李庆忠院士

1949年格致中学校友。石油地球物理勘探专家，中国工程院院

李庆忠院士

士。江苏省昆山人。1952年毕业于清华大学物理系。中国石油天然气集团公司地球物理勘探局高级工程师。曾在新疆石油管理局、大庆油田、胜利油田及中油集团原物探局从事石油勘探工作五十余年。长期从事地震勘探研究工作,所提出的理论和方法不仅解决了勘探中的技术难题,而且对物探技术的发展有很深远的影响,对克拉玛依、胜利、华北等油田的发现以及新疆塔里木盆地的勘探起到了重要作用,取得了显著的经济效益,为中国石油物探技术和生产的发展作出了重大贡献。

李庆忠系统地阐明了地震波的波动理论,1972年与国外同时提出了"积分法绕射波叠加"成像技术。1975年采用该技术进行数字处理,使商河西油田迅速查明地下构造形态,两年内探明石油储量5 400万吨并顺利投入开发。1966年首次提出三维地震勘探方法及原理,并在东辛油田上绘制出三维归位构造图,取得了良好地质效果。1974年又在新立村地区组织了世界上第一片束状三维地震勘探,发现新立村油田。1974年首创两步法三维偏移,论文发表比国外早五年。1993年发表了专著《走向精确勘探的道路》,全面评述了高分辨率地震勘探的理论及发展方向。1985年作为主要参加者完成的"渤海湾盆地复式油气聚集带勘探理论及实践",获国家科技进步奖特等奖。1991年被国务院批准为国家级有突出贡献的专家,并享受政府特殊津贴;1995年被中国石油天然气总公司授予"石油工业杰出科技工作者"称号;同年当选为中国工程院院士。

汪集旸院士

汪集旸院士

1949年格致校友。中国科学院院士。地热、水文地质学家。1935年10月11日生于江苏吴江。1956年毕业于北京地质学院水文与工程地质系。1962年7月在莫斯科地质勘探学院获苏联地质矿物学副博士学位。同年10月回国后便在中国科学院地质研究所(1999年改为中国科学院地质与地球物理研究所)工作。1995年当选为中国科学院院士。2001年当选为国际欧亚科学院院士。中国科学院地质与地球物理研究所研究员。1989年至2001年任国际地热协会(IGA)主席团成员。

1970年以来,汪集旸院士长期从事地热和水文地质研究,在大地热流、深部地热、矿山、油田地热和地热资源方面取得大量创新性成果,并建立起颇具特色的中国地热研究体系。

近年来,汪集旸院士在同位素水文学、水文地球化学领域也有不少创新性成果,其中最为突出的是利用同位素水文技术提出巴丹吉林沙漠地下深处很可能有可观的地下水资源存在,该区高大沙山及湖泊群的存在与深层地下水补给有关。他领导的研究集体所撰写的论文 Groundwater maintains dune landscape 发表在2004年11月25日出版的 *Nature*(第432卷)上,引起国内外学术界的强烈反响。

迄今为止,汪集旸院士已在国内外学术刊物上发表论文100多篇,撰写专著6部,主要论著有《中低温对流型地热系统》(1993)、*Geothermics in China* (1996)、《神奇的地热》(2001)、Groundwater maintains dune landscape(*Nature* Vol. 432,2004)等。

陈联寿院士

陈联寿院士

1952年毕业于格致中学。中国工程院院士,1957年毕业于南京大学气象学系,同年分配到中央气象科学研究所、中央气象台工作。1980年他应国际著名科学家威廉姆·格雷(William Gray)教授邀请,于1982年赴美国科罗拉多州立大学大气科学系从事热带气旋科学研究,1984年回国后继续从事台风研究。

先后任职中央气象台台长,国家气象中心副主任,中国气象科学研究院院长、研究员,南京大学兼职教授、博士生导师。先后兼任国家气象局科技委员会副主任、中国气象学会副理事长。是中国气象界的权威人士之一。

长期从事天气动力和热带气旋的研究与预报工作,对热带气旋做了系统性和开创性的研究,揭示了台风机理的新事实、新论点,对全国台风研究和改进预报技术起了重要推动作用。主持、设计并实施了全国电视天气预报动态显示业务系统,开创了把计算机制作的天气预报警报图像搬上电视屏幕的先河,在我国是一项社会影响很大的创新,收视率极高,填补了国内空白。

陈联寿院士曾在百忙中多次抽空回母校探望,并向格致师生作精彩的科学讲座,激发了学生浓厚的天文学习兴趣。

张祖培院士

格致中学1952年校友。教授,博士生导师。俄罗斯自然科学院外籍院士,钻凿新材料和机具研究所所长,曾获吉林省优秀教师、吉林省有突出贡献中青年人才称号,享受国务院和校特殊津贴。

张祖培教授主研钻探工艺学、岩石破碎学、超硬材料及机具、钻探新方法等。编有《钻探工种工程学》《钻探工艺学》《金刚石钻进技术》等5部教材和专著。专长为金刚石钻进技术和超硬材料,共完成十余项部、省级科研项目,共获5项国家教委、部级教学、科研成果奖以及3项专利,共撰写论文40余篇。

张祖培院士

张祖培教授在金刚石钻进技术方面有较深的造诣。20世纪70年代初参加了地矿部重大科技项目《液动射流式冲击回转钻具的研制》,1982年该项目获国家科技三等发明奖。此外,通过部、省级鉴定的科研项目还有:“金刚石绳锯的研制”“甘肃复杂地层冲击回转泡沫钻进”“金刚石钻头设计与合理使用专家系统的研制”“金刚石抗动载性能测试仪的研制”“泡沫水泵增压装置及钻进工艺研究”“钻探用耐磨抗冲击新型复合材料的研究”6项科研项目,取得了3项地矿部科技成果三等奖和3项专利。并先后培养20名硕士、博士研究生和3名外国进修教师,在培养高层次人才方面作出了贡献。

杨福家院士

杨福家院士

中国科学院院士,1954年毕业于格致中学,后毕业于复旦大学物理系,留校任教。1960年担任原子物理故乡丹麦哥本哈根的玻尔研究所研究员,他在此期间所证实的“一种核的运动状态”,至今仍被国际核物理学界广泛引用。1987 年任上海原子核研究所所长。1991 年当选为中国科学院院士，第三世界科学院院士。1993 年任复旦大学校长。2001 年起至今担任英国诺丁汉大学校长，成为出任英国名校校长的第一位在籍中国人。2012 年 6 月被聘任为中央文史研究馆馆员。

他一直以来都对母校怀有深厚的情感，为了鼓励格致学子对科学的执著追求，也为了激励学子的爱国精神，他出资在格致中学设立了“爱国奖”奖学金，并坚持每年回母校为学生颁奖，还多次在格致大礼堂开设科学讲座和辅导报告，与现场的学生进行互动与对话，场面温馨、感人，反响更是热烈。

李家春院士

李家春院士

中国著名力学家。格致中学 1957 年校友。1940 年生于上海，1962 年毕业于复旦大学数学系。现任中国科学院力学研究所研究员、博士生导师，所学位委员会主任。长期从事流体力学研究，在流动的非线性问题和力学中数学方法领域做出了理论成果。提出了摄动级数多对复奇点的判别准则；最早用剪切解释风浪频谱下移机理，并且得到弱风时不稳定加强，强风时不稳定抑制的新结论；对自然环境中的波、流、涡、湍流进行了深入研究，解决了与流体力学有关的诸如陆面过程、海气相互作用、台风异常路径和土壤侵蚀等环境科学问题。2003 年当选为中国科学院院士。

李家春院士同时还任亚洲流体力学委员会主席，中国力学学会理事长，中国海洋工程学会副理事长；任《力学学报》副主编，《应用数学与力学》《力学进展》《水动力学研究与进展》常务编委，*IJRS*，

CPL, *COE*,《中国科学》等刊物编委;任湍流海洋工程等国家重点实验室学术委员;任复旦大学、中国科学院研究生院兼职教授。曾荣获“中国科学院研究生院杰出贡献教师”荣誉称号。

杨玉良院士

杨玉良院士

格致中学1968年校友。1952年11月生于浙江省海盐市。国际著名的科学家、教育家,我国高分子化学领域的首席科学家,中国科学院院士,中共党员。历任国务院学位委员会办公室主任、教育部学位管理与研究生教育司司长,国家重大基础研究“攀登计划”高分子凝聚态物理基本问题专家组首席专家,复旦大学校长。2010获“中国最具魅力校长”称号。作为教育部第一批“长江学者计划”特聘教授,2009年11月16日,他参与接待美国总统奥巴马来华访问。

杨玉良院士是我国第一代高分子学博士,在高分子化学和物理等多个领域都取得了重大成果。主要体现在:研究具有复杂拓扑链结构的高分子链构象统计与粘弹性;建立了研究高分子固体结构、取向和分子间运动相关性三项新的磁共振实验方法;运用自洽场及相分离动力学理论研究了复杂链拓扑结构的嵌段高分子、液晶及囊泡等软物质的斑图生成及其临界动力学领域的诸多悬而未决的问题;发展了高分子薄膜拉伸流动的稳定性理论,并由此指导和解决了双轴拉伸聚丙烯(BOPP)薄膜生产中长期困扰产量和质量的破膜问题,为国家创造了巨大的经济效益;创立了模拟聚合反应产物的分子量分布及其动力学的Monte Carlo方法,收集在专著《高分子科学中的Monte Carlo方法》中,深受国内外学术界欢迎,对我国高分子物理理论研究的开拓和布局作出了重要贡献。

迄今已发表科研论文200余篇,论文被他人引用1 150余篇次,申请多项国际国内发明专利,获"国家科技进步一等奖"等国家和省部级奖励10余项和"求是杰出科学家奖"、何梁何利基金科学与技术进步奖等多种荣誉。他培养的博士生中有3位获"全国优秀博士论文"。

金力院士

金力院士

教授,博士,中共党员。1963年3月出生于上海,浙江上虞人。1981年毕业于上海市格致中学。1985年复旦大学生物系遗传学本科毕业,1987年复旦大学遗传所遗传学硕士毕业,1994年获德克萨斯大学-休斯顿健康科学中心生物医学科学、遗传学博士学位,1994—1996年在美国斯坦福大学医学院医学遗传学专业从事博士后研究。

金力曾任美国德克萨斯大学-休斯顿健康科学中心公共卫生学院人类遗传学中心和生物医学科学研究生院人类分子遗传学专业助理教授、副教授(终身教职)、美国辛辛那提大学医学院环境健康系基因组信息中心教授(终身教职)。

1999年获教育部长江学者(讲座教授),2002年被科技部聘为973项目首席科学家,2006年获国家杰出青年基金,2011年入选国家"千人计划"。2011年5月起任复旦大学党委委员、常委,副校长。同时担任《人类基因组学》(英国)主编、《人类生物学》(美国)、《突变研究》(美国)、《中华医学遗传学杂志》(中国)、《中国生物学前沿》(中国)、《人类学杂志》(克罗地亚)等杂志的编委。2013年12月当选中国科学院院士。

主要研究方向为医学遗传学及遗传流行病学(心血管疾病、风湿病、肿瘤等)、计算生物学、人类群体遗传学和基因组学。近年来金力院士先后承担了国家自然科学基金委重大项目“中华民族基因组结构与功能研究”、国家重点基础研究发展规划项目(973)“环境化学污染物致机体损伤及其防御的基础研究”、国家高技术研究发展计划(863)“中国人基因组 SNP 单倍型图谱构建及其开发应用”,以及上海市科学技术委员会“原发性高血压相关基因的结构与功能的研究”“心血管等重大疾病的生物系统网络及动力学研究”等重大课题的研究工作。并在学术刊物如《自然》《科学》《美国科学院院报》《美国人类遗传学杂志》等发表论文 200 余篇,论文被引用 5 400 余次。

主要参考书目

1.《格致校史稿》(第一卷,1874—1949年),上海市格致中学、上海市格致中学校友会编著,上海社会科学院出版社,2005年

2.《格致中学131周年校庆丛书之一:校友风采录(第1集)》,内部印刷品,1999年

3.《格致中学131周年校庆丛书之一:校友风采录(第3集)》,内部印刷品,2009年

4.《格致掌故》,内部印刷品,2007年

5.《格致文化的传承与创新》,张志敏等著,教育科学出版社,2010年

6.《西学东渐与晚清社会》,熊月之著,上海人民出版社,1994年

7.《傅兰雅与近代中国的科学启蒙》,王洋宗著,科学出版社,2000年

8.《王韬评传》,张海林著,南京大学出版社,2002年版

9.《上海通史·晚清文化》,熊月之主编,上海人民出版社,1999年

10.《上海通史·民国文化》,熊月之主编,上海人民出版社,1999年

11.《外力冲击与近代上海教育》,马镛著,湖北教育出版社,2003年

12.《民国教育史》,李华兴主编,上海教育出版社,1997年

13. 上海市档案馆馆藏资料中有关格致书院、格致公学的相关档案

后　记

上海市格致中学是一所享誉沪上的百年名校，迄今已有140多年的办学历史，是我国近代最早引进并传授西方自然科学新知、培养民族科技人才的新型学堂之一。学校长期秉承“科学、爱国”的历史传统，培养了大批优秀人才。作为其中的一名历史教师，我总是深感自豪，同时又觉得责任重大，也一直在思考着一个问题，那就是如何有效挖掘和利用丰厚的校史资料，使校史与国史有机融合，引导学生走进并关注身边的历史。

此书是在长期教学积累的基础上撰写而成的，多年来我和组内老师一起，坚持开设校本拓展课——“格致学”，并且编写了相应的课堂讲义，此书便是在这个基础上不断完善和修改完成的。

撰写此书不仅是为了让青年学生了解格致中学的悠久历史和传统，更希望他们能深入理解格物致知的哲学思想，并能走近中国近代科技发展史以及中国近代教育发展史，从历史中汲取智慧，放飞思想，沉浸心灵，从而更好地发扬“格物致知，求实求是”的精神，做一名有思想、有作为、敢担当的青年人。

我要特别感谢上海市格致中学张志敏校长，以及格致文化研究室主任柯瑞逢老师，本书的写作得到了他们的悉心指导和大力协助，他们给我提出了许多宝贵意见和建议。更要感谢格致的名誉校长高润华老校长,87 岁高龄的她还亲自为拙著作序,感恩在心。同时也要感谢那些曾经上过“格致学”课程的同学们,正是他们的热情、好学、宽容和支持,让我真切感受到了教学相长的意义。

当然,由于自身水平有限,我深知本书还存在着疏漏和不妥之处,恳请各位读者赐教指正,在此我也一并表示最诚挚的谢意。

闵红

2019 年 4 月 23 日

图书在版编目(CIP)数据

格风致韵/闵红,陶世华编著.—上海:复旦大学出版社,2019.9
ISBN 978-7-309-14417-8

Ⅰ.①格… Ⅱ.①闵…②陶… Ⅲ.①格致中学-校史 Ⅳ.①G639.285.1

中国版本图书馆 CIP 数据核字(2019)第 120510 号

格风致韵
闵　红　陶世华　编著
责任编辑/宋文涛　王　艳

复旦大学出版社有限公司出版发行
上海市国权路 579 号　邮编:200433
网址:fupnet@fudanpress.com　http://www.fudanpress.com
门市零售:86-21-65642857　团体订购:86-21-65118853
外埠邮购:86-21-65109143　出版部电话:86-21-65642845
常熟市华顺印刷有限公司

开本 890×1240　1/32　印张 6.875　字数 164 千
2019 年 9 月第 1 版第 1 次印刷

ISBN 978-7-309-14417-8/G·1989
定价:48.00 元
